牧誠財団研究叢書22

経営者報酬の
理論と実証

濱村純平・井上謙仁・早川 翔 編著
Hamamura Jumpei　Inoue Kento　Hayakawa Sho

Managerial Compensation:
Theory and Evidence

中央経済社

はじめに

　本書では，日本企業の経営者報酬（役員報酬）契約の実態を，ケース研究や実証研究により調査して，その成果をまとめている。日本の経営者報酬契約の開示制度や，契約内容そのものをとりまく状況は，2020年前後で大きく変化している。こういった状況で，各企業は詳細な報酬契約を設計して，開示するよう迫られている。

　これまでも，経営者報酬契約の設計を議論した書籍はいくつかある。そういった書籍は，どちらかというと「あるべき」論を議論していることが多い。もちろん，企業のガバナンスと大きく関わる問題なので，そういった議論は必要だろう。これに対して本書は別の視点を提供する。とくに，「各企業がどういった報酬契約を設定しているか」を提示する。そこで本書は企業の個別事例をみるだけでなく，企業の開示情報をベースとして，統計的に上場企業の経営者報酬契約の実態を調査する。実務では他社の動向を各企業が気にしていることも多く，本書でその実態を明らかにできれば，各企業が経営者報酬を設計するときに何かしらの情報を提供できる可能性がある。

　さらに，経営者報酬契約に関する議論は，ガバナンスやディスクロージャーの観点から行なわれることが多い。これに対して本書は，どちらかというとインセンティブづけや業績評価といった管理会計的な側面から，経営者報酬契約を議論する。1つの対象をさまざまな側面から観察することで，その現象への理解がより深まるだろう。たとえば，山を登るルートはたくさんあり，多くのルートをとおったほうが，1つのルートだけで登り続けるよりもその山をより深く理解できるだろう。また，同じポピュラー・ミュージックを聞いても，人によって感想は異なるはずだろう。これは，その人が「何を見聞きしているか」によるからである。たとえば，ある人は歌詞に共感を覚え，ある人は歌っている歌手に思いを馳せ，ある人はレコーディングしたプレーヤーへの尊敬を感じる。このように，同じ対象でも，それを説明するにはさまざまな見方があ

り，それぞれの方向から観察することで理解が深まる。そのため，我々はこれまで少なかった管理会計的な側面から，経営者報酬契約を考える。

　どういった報酬契約が有効かという疑問をもつ読者も多いだろう。しかし，現在の開示状況では，これに対して回答を提示するエビデンスの発見は難しい。そのため，まずは各企業がどういった報酬契約を設定しているかをみることで，経営者報酬実務に対して役立つ研究を実施したいと考えている。また，経験的な調査だけではなく，理論研究に触れることで，その経営者報酬契約の有効性を議論するための１ピースを提供したい。とくに，管理会計的な業績評価や目標設定の視点は，経営者報酬契約を考えるときによい視点を提供してくれるだろう。本書が，経営者報酬を設計する際に役立つ書籍となることを筆者たちは願っている。

　最後に，本書は日本管理会計学会2022年度スタディグループ助成を受けた成果の一部であり，研究代表者の濵村，研究分担者の井上，早川の３人が編著者となっている。この助成の一部により，いくつかの研究成果をあげることができた。詳細に興味がある読者は，成果一覧を本書の最後に記載しておくのでそちらを参照してほしい。また，本書は牧誠財団2024年度第１次出版助成を受けている。この企画に協力し，執筆してくれたすべての研究者と，関連研究にコメントをくださった研究者，及び日本管理会計学会と牧誠財団にこの場を借りて深謝申し上げる。加えて，本書は JSPS 科研費 JP20K13659，JP20K22112，JP21K01807，JP21K13409，JP22K13516，JP23H00868，JP23K12590，JP24K16477及び JST 次世代研究者挑戦的研究プログラム JPMJSP2148の助成を受けた成果の一部である。さらに，本書を執筆するにあたり最後までご協力いただいた中央経済社及び担当編集者の長田烈氏にも，この場を借りて深謝申し上げる。また，ありうるべき誤謬はすべて筆者たちの責に帰する。

（濵村　純平・井上　謙仁・早川　翔）

目　次

はじめに

序　章

日本企業の経営者報酬はどう決まっているのか？　　1
―先行研究と本書の構成―

- 1　はじめに / 1
- 2　経営者報酬設計での主な論点 / 3
  - (1)　経営者報酬での業績評価方法の選択 / 3
  - (2)　経営者報酬での業績指標の選択 / 4
  - (3)　経営者報酬におけるスコアカード（公式）の設定 / 4
  - (4)　経営者報酬契約は効率的な契約なのか / 5
  - (5)　その他の論点 / 7
- 3　日本での経営者報酬に関する先行研究 / 9
  - (1)　役員の特徴，及び銀行や系列の関係と経営者報酬 / 9
  - (2)　株主の影響 / 10
  - (3)　会計実務や財務・非財務指標と経営者報酬の関係 / 11
  - (4)　日本と他国の経営者報酬実務の比較 / 13
  - (5)　相対的業績評価研究 / 14
  - (6)　その他の経営者報酬の決定要因と，経営者報酬が企業業績に与える影響 / 16
  - (7)　小　　括 / 17
- 4　本書の構成 / 17
- 5　最後に / 20

第Ⅰ部　経営者報酬決定に関わる理論

第1章
日本の経営者報酬の開示制度と決定プロセス　23

- 1 はじめに / 23
- 2 経営者報酬の決定や開示に関する制度 / 24
- 3 経営者報酬の決定に関する実態 / 29
- 4 本章のまとめ / 34

第2章
経営者報酬研究を支える業績評価の理論　37

- 1 はじめに / 37
- 2 モラル・ハザード問題 / 38
  - (1) リスク分担とインセンティブのトレードオフ / 39
  - (2) マルチ・タスク問題 / 40
- 3 相対的業績評価 / 42
  - (1) 相対的業績評価の2つの方法 / 42
  - (2) 相対的業績評価の問題点 / 45
- 4 主観的業績評価 / 46
  - (1) 主観的業績評価のメリットとデメリット / 47
  - (2) 主観的業績評価の実践方法 / 48
- 5 心理学的な側面 / 48
  - (1) 寛大化バイアスと中心化バイアス / 49
  - (2) 業績指標の重みづけにおけるバイアス / 50
- 6 寡占競争 / 51
  - (1) 委任ゲームと業績指標 / 51
  - (2) 相対的業績評価 / 53
- 7 本章のまとめ / 54

目 次 5

第 3 章
経営者報酬契約での目標設定に関わる先行研究　57

[1] はじめに / 57
- (1) 業績連動報酬と目標設定 / 57
- (2) 目標設定における理論的な示唆 / 59

[2] 会計期間ごとの目標設定 / 62
- (1) 目標の困難度 / 62
- (2) 過去の業績の利用：ラチェット効果 / 64

[3] 会計年度内の目標 / 66
- (1) 目標の期中調整 / 66
- (2) クライシス時の目標管理 / 68

[4] 本章のまとめ / 70
- (1) 経営者報酬における目標設定の注意点 / 71
- (2) 非財務目標の導入 / 71
- (3) おわりに / 73

第Ⅱ部　日本企業の経営者報酬契約に関する実態調査

第 4 章
相対的業績評価の利用実態　79

[1] はじめに / 79
[2] 分析対象企業の選定と分析方法 / 81
[3] 調査結果 / 82
- (1) 相対的業績評価の利用実態 / 82
- (2) 自社報酬と他社報酬の関係 / 87

[4] 本章のまとめ / 88

第5章

日本企業での非財務指標の利用例　　91

1　はじめに / 91

2　非財務指標の利用例 / 92

(1)　中期経営計画との関係 / 93

(2)　ESG の項目ごとに指標を提示 / 96

(3)　指標の選択理由についての言及 / 96

(4)　指標の目標値や実績値を明示 / 99

3　本章のまとめ / 102

第6章

経営者報酬の没収　　105
―日本企業でのクローバック条項の事例―

1　はじめに / 105

2　クローバック条項の導入理由・目的 / 108

(1)　クローバック条項の導入理由・目的 / 108

(2)　クローバック条項導入の決定要因 / 109

3　クローバック条項の内容 / 110

(1)　クローバック条項の内容に関する実態や開示例 / 110

(2)　小　　括 / 118

4　クローバック条項導入の影響 / 119

(1)　財務諸表の修正再表示等に与える影響 / 119

(2)　経営者の投資行動に与える影響 / 120

(3)　小　　括 / 121

5　クローバック条項適用時の内容とその影響 / 122

(1)　クローバック条項適用時の内容 / 122

(2)　クローバック条項適用後の影響 / 123

(3)　小　　括 / 124

目　次　7

| 6 | 本章のまとめ / 124

第7章
中小企業における経営者報酬の決定要因　127

| 1 | はじめに / 127
| 2 | 中小企業の経営者報酬に関する先行研究 / 128
　⑴　日本の中小企業における経営者報酬 / 128
　⑵　海外の中小企業における経営者報酬の法定要因と業績との関連 / 131
| 3 | 中小企業の経営者報酬決定の事例紹介 / 134
　⑴　インタビュー結果 / 134
　⑵　小　　括 / 144
| 4 | 本章のまとめ / 144

第Ⅲ部　日本企業の経営者報酬契約に関する実証研究

第8章
出る杭は打たれる？　日本企業の経営者報酬のベンチマーク　149

| 1 | はじめに / 149
| 2 | 日本の文化的な側面と経営者報酬の決まり方の関係 / 150
| 3 | 分析モデルと調査対象 / 151
　⑴　分析モデルと変数 / 151
　⑵　ピア・グループ（比較対象企業）の設定 / 153
　⑶　サンプル / 156
| 4 | 分析結果 / 159
| 5 | 本章のまとめ / 161

第9章

日本企業における相対的業績評価の利用度　163
―テキストベースの業種分類による分析―

1 はじめに / 163
- (1) ピア・グループの選択基準 / 164
- (2) 暗黙的アプローチによるピア・グループの選択基準 / 164

2 分析方法とデータ / 168
- (1) 分析モデル / 168
- (2) データと記述統計 / 169

3 分析結果 / 173

4 本章のまとめ / 175

第10章

幸運と報酬―日本における証拠―　177

1 はじめに / 177

2 理論的予想 / 178
- (1) なぜ幸運に対して報酬が支払われるべきではないのか / 178
- (2) 実証的な証拠 / 180
- (3) 検証課題 / 182

3 リサーチ・デザイン / 184
- (1) 報酬と変数のデータ / 184
- (2) モデル / 185

4 結　　果 / 189
- (1) 基本統計量と単変量分析 / 189
- (2) 回帰分析の結果 / 192
- (3) 議　　論 / 196

5 本章のまとめ / 198

第11章

製品市場の競争と経営者報酬 201

1 はじめに / 201

2 製品市場の競争と経営者報酬の関係 / 202

3 分析モデルと調査対象 / 205

(1) 分析モデルと変数 / 205

(2) サンプル / 206

4 分析結果 / 210

5 本章のまとめ / 212

■参考文献一覧 / 215
■2022年度日本管理会計学会スタディグループ助成による成果一覧 / 228
■索　引 / 230

序　章

日本企業の経営者報酬は
どう決まっているのか？
―先行研究と本書の構成―

1　はじめに

　本書の主な目的は，日本企業の経営者報酬（役員報酬）契約の実態を経験的に明らかにし，その成果をまとめることである。経営者報酬と関係する制度は，2020年前後で大きな変化があった。具体的には，2019年と2023年の「企業内容等の開示に関する内閣府令」の改正と，2021年の改正会社法の施行である。これらの制度はとくに，上場企業に対して経営者報酬の決定方法を詳細に開示することを求めている。

　しかし，すべての企業が契約内容を「詳細に」開示しているとはいえない。具体的な企業は出さないが，そういった企業がなぜ開示しないのか考えてみる。そうすると主に2つの理由が考えられる。1つは，なんらかの理由で報酬契約を「開示したくない」企業がいる。そのなかには，経営者報酬の情報を開示すると，市場での競争優位を失なうと考える企業がある。たとえば，アメリカのAffiliated Computer Services は「報酬委員会が決定した業績に関連する目標を開示していない。なぜなら，具体的な業績目標を開示すると，競合他社に情報を提供することになり，競争上の優位性を失う可能性があり，それが自社に

損害をもたらすおそれがあるため」（ChatGPT 3.5による翻訳ののち，筆者修正）だと述べている[1]。もう1つ考えられる理由に，経営者報酬契約について「そもそも開示できるものがない（ちゃんと決まっていない）」可能性があげられる。当該企業が開示したいかにかかわらず，開示できるものがなくては開示できないため，いくつかの企業は開示していない可能性がある。

　本書はとくに後者の「ちゃんと決まっていない」企業を主なターゲットとして執筆されている。つまり，本書の各章で提示する経営者報酬の決定方法を指針とし，自社の経営者報酬を決定する際に役立つ情報を提供できればと考えている。そのため，本書はより広くの企業をカバーできるように，明示的な実態調査だけでなく，大規模データを利用した統計的な実証研究や，中小企業のケース・スタディをとおして，最初に述べたような「各企業がどうやって決めているか」の実務を提示する。

　経営者報酬は大きくわけて，固定報酬と変動報酬（業績連動報酬やインセンティブ報酬，ボーナスともよばれる）となる。固定報酬は財務業績などの結果にかかわらず経営者に与えられる定額の報酬で，変動報酬は経営者が対象となる期間での結果に応じて報酬が変わる部分である。変動報酬はさまざまな経営成果と紐づけられる。また，現金だけでなく株式を利用した株式報酬などもある。

　2014年の日本版スチュワードシップ・コードの初公表及び2015年のコーポレートガバナンス・コード（CGコード）を契機に，経営者報酬に対する日本企業の意識は高まっている。企業会計の2016年5月号でも「経営者報酬のコーポレートガバナンス実践」という特集が組まれ，CGコードと税制改正によって，企業が経営者報酬契約で何を気にすべきかが議論されている。さらに，本書の出版前年の2023年3月には「『攻めの経営』を促す役員報酬」（経済産業省産業組織課）が改定されている。本書は，こういった近年の実務をとりまく環境の変化への対応に役立つだろう。

1　この情報は，the Affiliated Computer Service Proxy Statement 2007（page 26）から得ている。URL: https://www.sec.gov/Archives/edgar/data/2135/000095013409007533/d66645def14a.htm（最終アクセス：2023年8月22日）

2 経営者報酬設計での主な論点

　本書では，主に経営者報酬がどう決まっているかを調査・分析する。経営者報酬，とくに変動報酬の金額を決定するには，経営者に対して業績評価を行なう必要がある。業績評価は管理会計研究の主要なテーマの1つであり，我々はその管理会計研究の知見を経営者報酬契約にも活かせると考えている。そのためここでは，業績評価に関連した論点を中心に，経営者報酬契約を論じるうえで重要になる論点を説明する。なお，本書では，経営者報酬契約の開示に関する論点は現行の開示規制を除いて扱わないのでここからは省いておく。

（1）経営者報酬での業績評価方法の選択

　業績評価に関する論点では，業績評価方法の選択が議論される。管理会計分野でよく取り上げられる業績評価として，売上高や利益などの会計的な指標や成果をそのまま評価に反映させる方法がある。これと対比することで，いくつかの業績評価方法を議論できる。なお，以下の業績評価のいくつかについては，第2章で理論的な成果を解説する。

　まずは，本書でも頻繁に取り上げられる相対的業績評価がある。相対的業績評価とは，被評価者の成果を他者の成果と比較する業績評価である。これに対して，先ほど述べた成果をそのまま反映させる業績評価を絶対的業績評価という。

　また，評価者が被評価者の成果を主観的に評価するケースがある。このような業績評価を主観的業績評価という。対して，客観的な指標を使って，結果をそのまま評価に反映させる業績評価を客観的業績評価という。

（2）経営者報酬での業績指標の選択

　業績評価で利用される指標はさまざまである。たとえば，売上高や利益など
はイメージしやすい。ほかには，市場シェアや従業員満足度などの指標も考え
られる。もちろん，経営者報酬を決定する際にもこういった指標の選択は重要
だろう。たとえば，経営者の業績評価では会計指標を利用するのか，株価指標
を利用するのかを議論できる。ROA（Return on Assets）などの会計数値を利
用した指標は短期的な視点を与えるとされ，株価などの指標は長期的な視点を
与えるとされる。さらに，本書でも取り扱う ESG（Environment, Social,
Governance）に関する指標の利用も，その企業がどのような経営を目指すのか
を明確にする。そのため，企業がどのような方針で運営しようとしているかが，
経営者の業績評価指標を観察すればわかるケースもある。

　これに関連し，経営者報酬（とくに業績連動報酬）でどのような業績指標が
利用されているかを調査した感応度分析研究がある。そういった研究では，経
営者報酬に影響を与える指標を予測し，大規模なデータを使って，実際にその
指標が利用されているかを確かめている。すなわち，業績指標と報酬に統計的
関係がみられれば，その業績指標を利用していると解釈できる。

　なお，日本の経営者報酬での感応度分析はいくつかの重要な研究があり，す
でに明らかにされていることも多い。本書は，そういった研究を紹介すること
が目的の中心ではなく，近年の状況を踏まえての実態調査や実証研究を行ない，
これまでの日本の報酬契約の状況を明らかにするのが目的である。しかし本書
の調査・分析に先立つ研究は当然，本書と関連する。そのため，本章ではこれ
までの日本での経営者報酬研究をレビューし，次章以降の議論に役立てたい。

（3）経営者報酬におけるスコアカード（公式）の設定

　複数の業績評価指標を利用する場合，それぞれの指標の重み（ウェイト）づ
けをどうするか，あるいはそれらの指標にどんな目標を設定するかを考える必

要がある。つまり，業績評価をどのようなスコアカード（公式）に基づいて行なうかが問題となる（フォーミュラともよばれる）。

先ほどの長期的な指標と短期的な指標を考えてみよう。短期的な指標よりも長期的な指標に多くのウェイトが置かれていれば，その企業はより長期的な成長を重視していると考えられる。対して，短期的な指標を重視するなら，その企業は短期的に市場内でのポジションの確保を狙っていると予想できる。そのため，設定された指標の重みづけや割合から，企業が何を考えているかを判断できる可能性がある。

また，その際の目標設定も重要になる。割合が決まっても，設定された目標が途方もない数値なら，経営者は業績評価を気にしなくなる。努力しても達成できないためである。したがって，どのような目標を設定するかは，業績評価を考えるうえで重要な論点となる。

これらに関して，本書では実際に企業が選択する業績評価方法，業績指標などを含めて明示的な実態調査を行なう。また，これらの議論を発展させるために，本書では第3章で目標設定に関する管理会計分野での議論をレビューする。

（4）経営者報酬契約は効率的な契約なのか

ファイナンス分野では，所有と経営が分離している状況で，経営者報酬の水準がどうやって決まっているかが議論されている。このとき，大きくわけてレント収奪（rent extraction）仮説と，株主価値（shareholder value）仮説という2つの観点から，経営者報酬契約が決まっていると議論されることがある（Edmans et al. 2017など）。

レント収奪仮説の考え方は，株主など企業の所有者やステークホルダーと経営者の間の情報の非対称性から導かれる。簡単にいうと，情報の非対称性が大きいことや実務への理解不足により，株主が報酬決定にあまり強く関与できず，経営者が本来は株主に還元するはずの利益や資金を奪ってしまうことをさす。経営者報酬契約の決定には，第1章で述べるように経営者が参加することも多

い。このとき彼らは，自身に有利な報酬契約を設計するかもしれない。そして
これは必ずしも，株主に望ましい契約になっているとは限らない。これは明ら
かに，ガバナンス上の問題を発生させてしまう。

　対して，株主価値仮説は「そうはいっても，契約をとおして株主価値最大化
を目指して報酬が設計されるよね」という考え方である。経営者報酬契約を決
定する際，古典的なプリンシパル・エージェント関係を想定する。つまり，経
営を委任する所有者のことを意識したうえで報酬が設計されているという考え
方である。なお，プリンシパル・エージェント関係には，第2章でふれる。

　これらの仮説で，アメリカ企業の高額な経営者報酬を説明できる可能性があ
る。まず，レント収奪仮説では，すべての企業の経営者は自分に都合のいい報
酬契約を設計するので，結果的に経営者報酬が高くなるのは容易に想像できる。
対して，株主価値仮説では，労働市場での経営者の外部機会が重要な意味をも
つ。もし，経営者の労働市場が活発で，その企業と契約しなくてもほかの企業
で高い報酬をもらえるなら，能力の高い経営者はより報酬の高い企業と契約す
る。このように，外部機会として他社との契約の可能性を考えると，企業は優
秀な経営者を雇うために，より高い報酬を提示せざるを得なくなる。

　これまでの研究ではいずれの考え方も支持する証拠があり，どちらが正しい
かは議論が混在している。ただ，近年はガバナンス改革の影響からか，株主価
値仮説の研究が多くなっているように感じる。実務では，経営者の行動へのモ
ニタリングや，報酬契約での決定方針をより詳細に開示する必要に迫られてい
る。そうすると，経営者がレントを奪うことは難しいといえるからだろう。ま
た，従業員と経営者が受けとる報酬の格差（pay gap）に対する不満が語られ
たり，結果的にその差額が企業の将来業績に影響を及ぼす可能性もある
（Banker et al. 2016）。そのため，やはり状況的にはレントを奪うことが簡単で
はない可能性があると推測できる。

　なお，日本の場合は，アメリカと比べて経営者の労働市場が小さい。すなわ
ち，日本の経営者たちは，相対的に外部機会が小さいと考えられる。株主価値
仮説に基づいて考えた場合，これが他国と比較して低い日本企業の報酬水準に

序章　日本企業の経営者報酬はどう決まっているのか？　　*7*

影響している可能性もある。

（5）その他の論点

　上記を考える際に，ほかに関連する論点がある。以下の内容は，本書でもたびたび登場する論点である。ちなみに，経営者報酬を考える際には税務も重要な論点となる。しかし，税務を取り上げるとかなり分厚い内容になるので，ここでは税務を除く経営者報酬契約の実務を中心に取り上げる。ただし，将来の研究を考えると税務に注目することも，もちろん重要だと申し添えておく。

①　ベンチマーク設定

　ベンチマークとは基準や目標をさす。業績評価を行なう際には，なんらかの基準を作って評価するケースが多い。たとえば，同一産業の売上高成長率の平均値などがある。この指標はほかの企業と比べて，どの程度自社が優れた成果をあげているかを測ることになる。そのため，相対的業績評価で，ある一定の比較対象を定め，それらの企業の成果をベンチマークとするケースがある。

　また，日本企業では，他社の報酬をベンチマークとして自社の報酬水準を決定するケースがある。これについては，第4章と第8章で議論する。

②　ピア・グループ設定

　ベンチマーク設定や，相対的業績評価を行なう際には，その比較対象企業群であるピア・グループ（peer group）を設定する。ピア・グループの設定がうまくいかないと，業績評価で狙った効果を得られない。たとえば，スタートアップ企業がベンチマークとして業界のリーディング・カンパニーを設定すると，スタートアップ企業が成果で上回ることは難しい。業績評価を効果的に機能させるためには，適切なピア・グループの設定が必要となる。その設定を第8章，第9章で議論する。

③　株式報酬（ストック・オプションや譲渡制限株式，パフォーマンス・シェア）

本書は基本的に現金報酬に焦点を当てる。したがって，本書ではストック・オプションや譲渡制限株式，パフォーマンス・シェアなどの株式報酬を特別に取り出して扱わない。ただし，これらの株式報酬は経営者報酬を考えるには欠かせない。たとえば短期的な業績を重視し，将来の企業価値を損ねてしまうと，ストック・オプションを行使した際に経営者は損をする可能性がある。そのため，ストック・オプションなどの株式報酬は，経営者に長期的な視点をもたせるうえで有効だとされる。

ただし，こういった株式報酬の活用は，日本ではまだ多くない。しかし，近年の法改正で株式の無償交付により，自社株を割当交付できるようになった。そのため，今後は株式を利用した非金銭的報酬が増加する可能性もあり，日本でのより詳細な研究が求められるだろう。

非金銭的報酬でいうとフリンジ・ベネフィットに関する議論も考えられる。フリンジ・ベネフィットは金銭以外に提供される経済的利益をさす。ほかには，付加給付や現物支給ともいわれる。実務的な例でいうと，現三菱ケミカルグループがフリンジ・ベネフィットとして，住宅手当や医療保険などの提供を明記している。本書では基本的に金銭的報酬（現金報酬）を扱うので，今回の研究対象ではないが，今後さらに議論を深めることも十分な意義があるだろう。

各企業を明示的に調べた研究では，現金報酬と株式報酬を含む非金銭的報酬を明確にわけて調査できる。しかし，大規模なデータを利用した実証研究では，データの制約上，とくに株式報酬がうまくわけられないケースもある。そのため，本書は基本的に現金報酬のみに焦点を当てることになる。この点は，本書の実証研究の限界の1つだろう。

④　例外的な出来事に関する契約

本書ではクローバック条項といった例外的な事項が起きたときの契約を扱う。クローバック条項の詳細な説明は第6章に譲るとして，企業経営では予定外の事態が発生したり，不正も起こりうる。たとえば，直近ではENEOSがクロー

バック条項を発動したケースがある。そのような，例外的な出来事があるときにどのような契約が利用されているかを本書では第 6 章で提示する。

3 日本での経営者報酬に関する先行研究

これまでにも，日本の経営者報酬に焦点を当てた研究は多い。そういった研究を参照しておくことで，本書が議論する内容の参考になるだろう。なお，中村（2016）が経営者報酬のうち，インセンティブ報酬（業績連動報酬）と関わる，日本企業を対象とした研究をレビューしている。加えて，坂和・渡辺（2010）も企業業績と経営者報酬の関係を議論した研究をレビューしているため，本章でのレビューとあわせて参考になるだろう。

日本の経営者報酬研究は，経営者報酬の決定要因に関する研究が中心となる。そういった研究は，経営者報酬を決める指標と，指標が経営者報酬の水準にどれくらい影響するかを調査している。

（1）役員の特徴，及び銀行や系列の関係と経営者報酬

諸外国と異なり，日本は企業と銀行との関係が特殊なので，銀行との関係を考察した研究が多い。Abe et al.（2008）は，経営者と従業員の報酬格差と経営者報酬での業績への感応度に，メインバンクの存在と銀行が経営者の決定に影響しているかをみた。メインバンクの存在や銀行による経営者の決定はモニタリング効果をもつため，ガバナンスを考えると経営者報酬に影響を与える。分析の結果，彼らはメインバンクの存在が従業員と経営者の報酬格差を小さくする一方，銀行が任命した取締役（銀行選任役員）がいると，経営者報酬の感応度（ボーナス割合）が低下すると示した。また，Sakawa and Watanabel（2008）も銀行から派遣された経営者がいると，モニタリングとして機能するため，報酬額が下がると示した。坂和・渡辺（2009）は銀行選任役員だけでな

く，「三井・三菱・住友・芙蓉・三和・第一勧業」といった六大系列と役員賞与の関係を調査した。系列と役員報酬の関係は Kato（1997）や Basu et al.（2007）も議論しており，インセンティブ・システムとして賞与を与えなくても，系列のモニタリング機能により経営者報酬が必要なくなるとされている。ただし，Basu et al.（2007）はガバナンス・システムとして取締役会の大きさや，社外取締役の人数の影響もみている。その結果，ガバナンス・システムや企業業績をコントロールすると，系列に属することが報酬水準を下げないとわかった。

　さらに，Colpan and Yoshikawa（2012）は銀行選任役員だけでなく，企業選任役員（domestic corporate-appointed directors）と外国人持ち株比率が，企業業績と役員報酬との関係に与える影響を分析した。その結果，企業選任役員は企業成長率と役員賞与の関係を緩和し，外国人持ち株比率は企業の収益性と役員賞与の関係を緩和すると結論づけた。加えて，銀行選任役員は両方の関係を緩和するとした。Sakawa et al.（2012）は，2010年に1億円以上の報酬を得ている経営者の報酬契約の開示規制が施行されたことを受けての研究となる。彼らはその中で，業績連動報酬と株式報酬に焦点を当てた。分析の結果，銀行との結びつきはエージェンシー問題の解決に役立たないとわかった。また，報酬委員会があるとインセンティブ報酬が高くなると示した。

（2）株主の影響

　Yoshikawa et al.（2010）も外国人持ち株比率を考慮した。加えて，企業の研究開発投資と，製品差別化戦略が経営者報酬にどう影響するかをみている。その結果，研究開発投資と製品差別化戦略ともに経営者報酬を大きくするが，外国人持ち株比率が高いと，その効果が緩和されると示している。また，Mazumder（2017）は機関投資家が多ければ役員報酬が下がると示しており，蟻川（2004）は機関投資家が多いほど報酬の業績連動性が高いと示した。中尾・中嶌（2007）は，経営者の年齢や持ち株比率などの特性と配当が企業価値

に与える影響を推定し，その企業価値が報酬額にどう影響するかを調査した。
なお，配当を被説明変数として経営者特性の影響をみたのち，配当が報酬額に
与える影響もみている。その結果，経営者の貢献度に対して日本企業が支払っ
ている報酬水準は過少だとしている。山本・佐々木（2010）も株主構成の経営
者報酬への影響をみた。またそれだけでなく，報酬委員会を設置していると報
酬が下がると示した。

　どういった株主がいるかに注目したほかの研究には，Shinozaki et al.（2016）
がある。彼らは，日本によくみられる安定株主が，ストック・オプションの導
入を阻害していることを示した。なお，Hassan and Hoshino（2007）が企業
のストック・オプション導入のアナウンスメントに何が影響しているかを調査
した。その結果，純利益の変化とROA，株式リターンの大きさがストック・
オプションを導入するかに影響しており，それらが大きい企業ほどストック・
オプションを導入すると示した。

（3）会計実務や財務・非財務指標と経営者報酬の関係

　会計的な現象と経営者報酬の関係を分析した研究もある[2]。Shuto（2007）
と新美（2010）は日本企業を対象に，裁量的発生高が増えると経営者報酬が増
えると示した。また，Iwasaki et al.（2018）は，会計利益を利用した経営者報
酬契約の利用度が高い企業ほど，保守主義の程度が高いと示した。加えて，大
橋（2019）では，保守主義の程度が高いほど，経営者報酬契約で純利益のウェ
イトが低くなっていることが示されている。Otomasa et al.（2020）は，日本
企業が報告する経営者業績予想の誤差と，経営者報酬の関係を分析している。
その結果，経営者業績予想は，業績目標のベンチマークに利用される傾向があ
り，経営者報酬契約で重要な役割を果たすと示された。なお，彼らの研究では

---

[2]　ここでは大きく取り上げないが，会計と関わる議論として，役員賞与（業績連動報酬）
を利益処分項目から費用項目に変更した理由を法学的な観点から考えた論文もある（吉
田 2010）。

日本企業は利益や売上高などの会計指標を利用する傾向にあるとわかった。

胥（1993）は企業の収益性が経営者報酬に正の影響を与えると示している。さらに，星野（1999）は，経営者報酬のうち，ボーナスの水準と対前年度変化分がともに，ROE（Return on Equity）や売上高の影響を受けると示している。また，報酬の総額が増えればインセンティブ報酬が増加することも示した。加えて，新美（2010）も営業利益，当期純利益，特別損益項目の影響を調整した当期純利益の影響をみた。その結果，いずれも経営者報酬に正の影響を与えるとわかった。そのうえ，キャッシュ・フローも経営者報酬に正の影響をもつ可能性が示された。企業が利用している業績指標を精査した中村（2020）も同様に，日本企業は会計情報を利用する傾向にあると示している。これはそもそも，利益や売上高，株価に関する指標の利用が税務上，経営者報酬（とくに業績連動報酬）を損金算入する要件になっているので，指標として利用する企業が多いのではないかと推測できる[3]。

矢内（2016）は，前期利益や最終業績予想をベンチマークとした場合，そのベンチマークの未達が役員報酬を減額させていると示した。また，乙政（2010）は財務収益と財務費用，特別利益，特別損失が経営者報酬に与える影響をみた。その結果，財務収益と特別損失は経営者報酬に正の影響を，特別利益は負の影響を与えることを示した。最後に，乙政・椎葉（2009）は営業キャッシュ・フローの増加が，経営者報酬の増加に正の影響を与えると示した。

乙政ほか（2022）は本書の第5章と大きく関わる研究を行なっている。彼らは，ESG指標を報酬契約に利用している企業の特徴を明らかにした。詳細な説明は第5章で行なうが，本書ではもう少し具体的に「どのような指標が利用されているか」を調査するため，彼らの研究とは異なる。

さらに，乙政（2021）は例外的な状況での経営者報酬の減額を調査している。乙政（2021）は，実証研究の成果をベースに，業績予想の下方修正が原因で経

---

3 なお，業績連動報酬の損金算入要件に関しては，猪野（2023）がわかりやすくまとめているので詳細はそちらを参照せよ。

営者報酬が減額された場合と，法令違反や不適切な会計処理が行なわれたケースでの減額を比較した。その結果，業績悪化グループで固定報酬の割合が高く，翌期の報酬増減率がマイナスに大きくなっていることを示している。

（4）日本と他国の経営者報酬実務の比較

　日本企業の経営者報酬契約を他国企業と比較した研究もある。Kato and Rockel（1992）は，企業外部で働いた年数，昇進の速さ，役員としての在職年数が日本とアメリカの両方で報酬額に影響するとした。しかし，日本では昇進の速さと企業外部で働いた年数が報酬に負の影響を与えるのに対し，アメリカでは正の影響を与えると示している。Kato and Rockel（1992）では，これは天下りの可能性がある点に注意が必要だとしている。Kato and Rockel（1992）に続いて，日本とアメリカでの報酬契約が類似している傾向にあるとしたKaplan（1994）に対し，Kubo and Saito（2008）は，日本企業の業績と報酬の感応度が低下していることを示した。つまり，彼らが対象とした1977年から2000年の間に，日本企業では業績連動報酬の割合が低下していたことを示している。さらに，Mitsudome et al.（2008）は株式リターン，売上高成長率，短期的な営業利益の変化が経営者報酬に与える影響を示している。とくに，短期的な営業利益の変化は，営業利益が増加した企業と減少した企業にわけて分析されている。その結果，ほかの指標は日本とアメリカで差があるのに対し，短期的な営業利益が経営者報酬に与える影響は，両国で差がないことを示している。

　また，Pan and Zhou（2018）は日本企業の報酬契約での報酬総額に占める割合が，平均的に固定報酬71％，ボーナス（インセンティブ報酬）18％，株式報酬（ストック・オプション）6％，年金給付4％からなると示した。この結果は，アメリカの固定報酬28％，ボーナス27％，株式報酬（ストック・オプション含む）39％という割合や，ヨーロッパの固定給46％，ボーナス24％，株式報酬（ストック・オプション含む）22％という割合と異なる。感応度分析の結果，

彼らは日本とアメリカの報酬の違いは，ボーナスが原因になっていると主張した。また，より直近のMorita et al.（2020）も，日本企業は固定報酬の割合が高いことを示している。

Waldenberger（2013）は，日本はほかの国と異なり，外部の労働市場ではなく内部の労働市場から経営者が雇われており，報酬が他国と比べ低いと議論した。また，Abowd and Bognanno（1995）は複数の国の経営者報酬のデータを利用しているが，日本企業に関してデータが得られないため有益な調査がされていない。さらに，「日本企業は通常，自社株買いが禁止されている」（Abowd and Bognanno, 1995, p. 93, Table 2.7より筆者訳）とあるように，報酬制度が変化する前の日本企業を対象にしており，現在の経営者報酬に関して有効な含意をもつとはいいがたい。

Kline et al.（2017）は日本とアメリカの経営者報酬の違いを概念的に議論しており，実際のデータによる分析をしていない。さらに，小寺（2010）も日米の経営者報酬の違いを，制度的・文化的な側面から議論しているが，実証分析を行なっていない。中村（2022）も日米の違いを，会計基準の範囲で計算された利益を業績指標としているかを考えている。その結果，日本はアメリカよりも会計基準利益を利用していると議論した。加えて，首藤（2021）は先行研究のレビューにより，経営者報酬契約の開示規制が企業の業績に与える影響を議論している。先行研究の結果は混在しているが，開示によって企業の業績が低下するという結果が存在することには注意が必要だろう。

（5）相対的業績評価研究

経営者報酬研究では相対的業績評価もよく扱われる。相対的業績評価では，契約理論をベースとする研究と寡占競争をベースとする研究がある。理論の詳細は第2章に譲るとして，まずは契約理論ベースの研究をみる。乙政（1996）は，会計指標を利用した相対的業績評価が日本の経営者報酬で利用されているかを調査した。その結果，総資産経常利益率の業界平均や，売上高成長率の産

業平均が相対的業績評価に利用されていないとわかった。乙政（1996）以降も，契約理論をベースとする相対的業績評価の実証研究では，日本企業が会計指標を相対的業績評価に利用している証拠を得られていない（蟻川 2004；井上ほか 2021など）。

しかし，株価指標が相対的業績評価に利用されている証拠を得た研究は存在する（乙政 2004など）。たとえば，阿萬（2002）は相対株式収益率という，自社の株式リターンから東証業種別株価指数の収益率を引いた値を使って分析した。その結果，経営者報酬では相対的業績評価が利用されていることを示している。さらに，Inoue et al.（2023）は，相対的業績評価の指標に，TOPIX などの株価指標を利用しているかを調査した。その結果，東証業種別株価指数のみが相対的業績評価に利用されている可能性を示した。

また，勝者のみが昇進するトーナメントも相対的業績評価の1つだといえる。Xu（1997）は昇進が困難なとき，経営者報酬はトーナメント的な昇進競争の「ご褒美」として利用されていると示した。つまり，昇進が難しくなるほど，経常利益に対する経営者報酬の感応度が低下し，より固定的になると示している。

対して，首藤（2002）は寡占競争の理論に基づき相対的業績評価を調査した。その結果，製造業では，ハーフィンダール・ハーシュマン指数が大きくなるほど，ピア・グループの業績が自社の報酬に与える影響が小さくなると示した。また，Joh（1999）も首藤（2002）と同様の理論をベースにした研究を，日本の製造業企業を対象に行なった。加えて，蟻川（2004）も市場の集中度と経営者報酬の関係を分析したが，Joh（1999）や首藤（2002）と異なり，市場の集中度と経営者報酬には相関がないと示した。

経営者報酬契約研究の重要文献である乙政（2004）は，上記の研究を網羅的に行なっている。乙政（2004）は，経営者報酬データと財務情報データを利用して，日本企業で経営者報酬と財務情報がどのような関係をもつかを中心に調査した。その第7章では，経営者報酬契約で相対的業績評価が利用されているかを分析し，株式リターンが相対的業績評価に利用されていることを示している。

（6）その他の経営者報酬の決定要因と，経営者報酬が企業業績に与える影響

　Kato and Kubo（2006）は，上場企業と非上場企業の違いをみた。彼らは，上場・非上場企業ともに ROA の対前年変化分が報酬に正の影響を与えると示している。対して，上場企業では赤字になると経営者報酬が下がるのに対し，非上場企業では赤字かどうかは経営者報酬に影響がないと示した。さらに，Hamamura et al.（2024）は，経営者報酬のうち固定報酬に着目した。その結果，固定報酬が業績の影響を受けて変動することを示している。Hamamura et al.（2024）によると，日本では半数以上の上場企業が固定報酬のみを利用している。この結果は当期業績と固定報酬の関係をみているため，「ちゃんと報酬が決まっていないが，業績が決まったあとからなんとか報酬を決める」企業の存在を示唆している可能性がある。

　最後に，Kubo（2005）は経営者報酬契約での報酬の感応度が企業の業績に与える影響をみている。その結果，基本的に固定報酬が高くとも企業の業績は改善しないことを示した。またそれだけでなく，ボーナスでの感応度が大きい企業の業績は下がってしまうと示した。なお，Kubo（2005）は業績に利益とROC（Return on Capital）を利用している。この結果から，「日本企業の役員は，業績報酬の感応度が高くなることで動機づけられていない」（Kubo 2005, 435, ChatGPT3.5で翻訳ののち筆者修正）と結論づけられている。この結果を得るうえでの難点は，この研究が行なわれた時点でのデータの制約である。実際，Kubo（2005）のサンプルサイズは400企業・年程度で，経営者報酬の開示制度が変わるよりも前の1993〜1995年のデータを利用している。そのため，現在の調査では異なる結果が得られる可能性もある。また，業績評価の仕組みに依存して，この結果は変化する可能性もある。そのため，将来的には Kubo（2005）を基にした研究が期待される。データの制約でいうと，Nakazato et al.（2011）は日本の高額納税者リストを利用して，経営者報酬研究を実施している。その結果，日本の経営者報酬はアメリカと比べて少額で，企業規模に強く依存する

ことが示された。

（7） 小　　括

　これらの研究に対して，本研究は第Ⅱ部で経営者報酬契約の実態を提示し，第Ⅲ部でこれまでの研究に新たな知見を追加するために実証研究を実施する。第Ⅱ部では，宮川（2022）のように，日本企業の全体的な流れを示したうえで個別企業の事例をみる。

　なお，ここでは詳細に触れないが，経営者報酬の実態に関するサーベイがあることにも注意を要する。サーベイ研究は実務を観察するのに役立つが，回収率が低い場合も多く，統計的な分析が難しい。したがって，本研究ではケース研究と実証研究を利用して，日本企業の実態を解き明かす。もちろん，久保ほか（2022）やデロイトトーマツグループが2019年に報告した「役員報酬サーベイ（2019年度版）」のように，サーベイ結果を利用することも研究課題によっては有用だと申し添えておく。

4　本書の構成

　本書は理論の紹介，実態調査，実証研究の3つのパートにわかれる。理論を紹介する前に，第1章で井上謙仁（近畿大学），岩田聖徳（東京経済大学），千手崇史（近畿大学）が，経営者報酬と関係する現行の制度及び経営者報酬の決定プロセスを解説する。今回の研究は，2019年の内閣府令及び2021年の会社法改正と関連する内容を扱う。制度を理解しておかなければ，実証パートなどで議論を進めづらい箇所がある。したがって，最初に制度を確認しておく必要がある。また，経営者報酬を誰がどう決めているのかは，あとの議論を進めるときに役立つだろう。

　続いて第Ⅰ部の理論パートでは，第2章で定兼仁（神戸大学），北田智久（近

畿大学），濱村純平（関西学院大学）が経営者報酬契約と関係する業績評価を考えるうえでの理論を解説する。この章では，業績評価研究でよく利用される経済学的な理論を中心に，数式を使わずに解説する。また，経済学的な理論だけでは考察が難しいケースもあるので，心理学的な理論も解説する。次に第3章では，片岡亮太（松山大学），打田昌輝（神戸大学院生），早川翔（流通科学大学）が，業績評価に関わる目標設定に関する議論を行なう。業績評価をするとき，どういった目標を設定するかで被評価者の行動も変わってくる。したがって，業績評価や報酬設計を考えるために，目標設定に関する議論は無視できない。これらの解説をベースに，そのあとの実態調査や実証研究に関する議論をみていくと，経営者報酬を設計する際の方向性や考え方を整理できるだろう。

　次に第Ⅱ部では，いくつかの企業に着目することで，日本企業がどのような報酬契約を利用しているかの実態を提示する。第4章は，早川翔，井上謙仁，濱村純平による相対的業績評価に関する実態調査である。この研究は，日本の上場企業を対象として，相対的業績評価を利用していると明記する企業がどれだけあるか，また，どう比較対象を設定しているかを調査した。加えて，日本の上場企業が，他社の業績を相対的に利用するというより，ベンチマークとして利用するという結果を提示する。また，第5章では，井上謙仁と夏吉裕貴（千葉大学）が，日本企業での非財務指標の利用を，主にESGに関わる指標に着目して調査する。ESG指標は，近年の経営者報酬契約で利用度が増しており，注目されている。そのなかで具体的にどのような指標が利用されているかを調査している。続いて第6章では，澤田雄介（同志社大学）と永田大貴（神戸大学院生）がクローバック条項の事例を紹介する。クローバック条項は，経営者が重大な不正などをした際に報酬の返納や減額を求められる契約である。その設計がどう行なわれているかを，日本企業や海外の事例をみて明らかにする。最後に，第7章では，牧野功樹（拓殖大学）が，中小企業の経営者報酬の実例を提示する。中小企業は上場企業と異なり，報酬契約を詳細に開示している割合が低い。そのため，中小企業で経営者報酬を設計する際に参考にできる事例は少ない。中小企業で経営者報酬を詳細に設計する必要があるのかを含めて，

この章では中小企業の経営者報酬を議論する。

　第Ⅲ部は，日本の上場企業のデータを使って統計的な分析を実施する。統計的な分析では，調査対象となる企業群で平均的に経営者報酬の決定に何が影響しているかをみる。第8章では濱村純平と井上謙仁が，日本の上場企業の報酬契約での相対的業績評価の利用度と，他社の報酬が契約に利用されているかを調査する。これは，他社の報酬が報酬契約で利用されているとの明示的な調査の発見事項に基づく調査である。続いて，第9章では井上謙仁，吉田政之（近畿大学），早川翔が，既存の産業分類ではなく，有価証券報告書の文字情報を使って産業分類を考え，相対的業績評価が利用されているかを暗黙的に調査した。明示的な実態調査では，相対的業績評価の利用を開示している企業は少ないとわかった。しかし，多くの企業が詳細に契約内容を開示していないので，「実は相対的業績評価を使っている」可能性がある。さらに，第10章では，日下勇歩（北九州市立大学）と藤谷涼佑（一橋大学）が，経営者が自身の能力以外で業績が改善することで報酬が上がる，幸運に対する報酬（Pay-for-luck）に注目する。企業の業績は，経営者自身の努力が直接影響しない部分がある。とくに，その「運」が観察可能な場合に，経営者報酬がどう変化するかを分析する。最後に，第11章では，井上謙仁，伊瀬堂人（摂南大学），加藤大智（松山大学），屋嘉比潔（大阪公立大学院生）が，製品市場での競争の激しさと経営者報酬の関係を調査する。企業が製品を供給する市場では，さまざまな他企業との競争に直面している。競争が激しい業界になれば，多くの利益をあげることが難しい。そのような状況で，競争の激しい業界に直面する企業が，どのような経営者報酬契約を設計しているかを暗黙的に調査する。

　なお，第Ⅲ部では，日本での株式報酬の利用が少ないことに加え，データベースの制約から，株式報酬よりも現金報酬を中心に分析する。これは，我々の使用するデータベースが，2016年以前のストック・オプションを賞与に含めており，統計的に切りわけての分析が難しいためである。ただし，株式報酬も含めた報酬総額で分析している章もある。制約の詳細は第8章の注4で述べる。

5 最 後 に

　最初に述べたように，本書は日本企業の経営者報酬の決定方法を調査し，その実態を明らかにする。そして，これも先ほど述べたように，経営者報酬での業績評価に対して，管理会計的な視点が利用できると考えている。そのため，実態調査や統計的な調査だけでなく，第Ⅰ部で業績評価に関わる管理会計分野での先行研究に触れていく。本書では，直接的に報酬がパフォーマンスに与える影響を議論していない。しかし，そういった管理会計分野の理論や考え方に関わる先行研究が，経営者報酬設計での有効性を考える手助けをしてくれるのではないかと考えている。

　近年は櫛笥（2018）や境（2019），村中・浅井（2021）など，日本の経営者報酬契約に着目した書籍がいくつか出版されている。近年出版されたこれらの書籍との最大の違いは，実証分析が本書の柱の1つとなっていて，大規模なデータを利用した統計的な分析で日本の経営者報酬契約を議論している点だろう。また，有価証券報告書から抽出した定性データを使って上場企業の経営者報酬契約を詳細に観察したり，経営者報酬契約を考えるために利用可能な理論を整理した。これらの点で，本書が日本の経営者報酬契約の理解を深めることに貢献することを願っている。

（濵村　純平）

第 I 部

経営者報酬決定に関わる理論

第1章

日本の経営者報酬の
開示制度と決定プロセス

1 はじめに

　本章では，経営者報酬にかかる法制度を議論する。経営者は利益を高めて，企業価値を大きくするために日々経営を行なう。その成果に対して，株主といった所有者は経営者に報いる。そのなかで，経営者報酬は経営者を評価して報酬を与える制度の1つである。企業は経営者報酬の金額や契約内容を決定したり，それに関する情報を外部に開示したりするが，その際に会社法などの法律による規制を受ける。本章では，まず経営者報酬の決定や開示にどのような制度が設けられているのかを提示する。これらの法制度をまとめることで，第2章以降の議論を，頭の中で整理しやすくすることを目的とする。

　さらに，本章では企業が公表している経営者報酬契約の決定プロセスに着目し，具体的な状況もまとめる。役員報酬は株主総会での決議事項だといっても，その詳細の決定は取締役会に委任されるのが一般的である。とくに，指名委員会等設置会社以外の機関設計を採用する会社では，「誰が報酬額を決めているのか」が論点になる。後述の章との関連でいえば，中小企業では経営者が比較的自由に報酬を決めているのに対し，上場企業を含む大きな企業では報酬委員

会などの機関をとおして決定されるケースもある。本章では実際の開示事例から，報酬決定の権限配分に関する実態を明らかにする。

2 経営者報酬の決定や開示に関する制度

まず，経営者報酬の決定に関する制度をまとめていく。なお，本節の法制度の議論には，関連する法律を直接参照するほか，これらの法律を解説している伊藤ほか（2021），江頭（2024），神田（2024），田中（2023）も参考としている[1]。

経営者報酬に関する事項は，定款に定めを置くか，定款にそれがない場合は株主総会で決議される（361条1項）[2]。報酬の決定を取締役会に任せると，報酬が好き勝手に決められて「お手盛り」により不当に釣り上げられる可能性がある。会社法で報酬の決定を株主が定めるように規定されているのは，この「お手盛り」を防ぐためである（伊藤ほか 2021, 233；江頭 2024, 472；神田 2024, 261；田中 2023, 267）。一方，指名委員会等設置会社では，その会社に置かれる3つの委員会（指名委員会，報酬委員会，監査委員会）のうち，報酬委員会で執行役等の個人別の報酬の内容を決定する必要がある（404条3項）。

会社法では報酬の種類ごとに，決定するべき内容が定められている。まず，報酬のうち，金額が確定している部分は，その金額が定められる（361条1項1号）。一般的に「固定報酬」とよばれる報酬が，額が確定している部分とみなせる。ただし，実務上は定款にこの金額が定められることは少なく，株主総会

1　本節では主として会社法を参照して議論している。そのため，とくに断りなく，たとえば（361条1項）のように記述されている場合，会社法を参照したこととする。会社法以外の法律などを参照した場合には，以下のように省略して記述する。会社法施行規則：施行規則，金融商品取引法：金商法，企業内容等の開示に関する内閣府令：開示府令。

2　会社法では「取締役の報酬，賞与その他の職務執行の対価として株式会社から受ける財産上の利益」をまとめて「報酬等」とよんでいる（361条1項）。本章では，「経営者報酬」や「報酬」という用語を会社法での「報酬等」をさすとする。

での決議で取締役全員の上限を定め，その枠内で個別の報酬の決定を取締役に一任するケースが多い（伊藤ほか 2021，233-234；江頭 2024，472；田中 2023，267）。取締役全員の上限額を定めるのは，取締役の個人別の報酬額が明らかになることを避けるためともいわれる（伊藤ほか 2021，234；田中 2023，267）。たとえば，株式会社アクシスでは，使用人兼務取締役を除く取締役の報酬限度額を年額300百万円以内と決議されている[3]。さらに，武田薬品工業株式会社は，監査等委員である取締役を除く取締役の基本報酬額を月額150百万円以内と定めている[4]。また，取締役会から代表取締役に報酬の決定を再一任することも少なくないが，これが適切かについては議論がある（伊藤ほか 2021，234；江頭 2024，477；田中 2023，267-268）。

　次に，報酬のうち金額が確定していない部分は，その具体的な算定方法を定める必要がある（361条1項2号）。たとえば，「賞与」や「業績連動報酬」とよばれる報酬が，金額が確定していない部分と考えられる。ただし，この報酬も株主総会で取締役全員の上限を定めればよいとされている（田中 2023，268）。たとえば，株式会社レゾナック・ホールディングスでは，短期業績連動報酬についてその具体的な算定方法を定めているが，基本報酬と合わせた金銭報酬全体の上限額が株主総会で決議されている[5]。

　さらに，自社の株式や，その株式を購入する権利である新株予約権を報酬とする場合もある。これらの報酬は，株式や新株予約権の数の上限などが定められる（361条1項3号-5号）。たとえば，富士フイルムホールディングス株式会社は社外取締役を除く取締役に，中期業績連動型株式報酬と譲渡制限付株式報酬を設定している。中期業績連動型株式報酬は，中期経営計画で設定された指標の達成率等に応じて，株式や株式の時価に相当する金銭を付与している。譲

3　株式会社アクシス『第31期有価証券報告書（自2021年1月1日　至2021年12月31日）』38頁。

4　武田薬品工業株式会社『第145期有価証券報告書（自2021年4月1日　至2022年3月31日）』116頁。

5　株式会社レゾナック・ホールディングス『第114期有価証券報告書（自2022年1月1日　至2022年12月31日）』61頁。

渡制限付株式報酬では，取締役に株式を取得するための金銭報酬債権を付与して，この債権の全部を現物出資させることで，取締役に株式報酬を与えている[6]。株式会社リソー教育では，株式報酬型ストック・オプションとして，社外取締役を除く取締役に権利行使価格が1円の新株予約権を割り当てる制度を有している。この新株予約権は割当日の翌日から40年間を行使期間とし，この期間内で取締役が地位を喪失した翌日から10日間のうちに一括で行使できる[7]。額が確定していない報酬や株式，新株予約権による報酬は，その金額を自社の会計業績や株価に連動させることで，業績や株価を向上させるように経営者を動機づけるために利用される（伊藤ほか 2021，235-236；田中 2023，268）。

　最後に，株式や新株予約権を除く非金銭的な報酬はその具体的な内容を決定する必要がある（361条1項6号）。この報酬には，低い賃料での社宅の提供のような現物の給付，退職年金の受給権の付与，取締役の親族を保険金受取人とする生命保険契約の締結などが該当する（江頭 2024，473）。たとえば，三谷セキサン株式会社は社外取締役を除く取締役に対して，社宅提供についての非金銭報酬の設定がある[8]。なお，こういった経営者に渡される非金銭的な経済価値をフリンジ・ベネフィットという。

　以上の報酬について，これらを定めたり改定したりする議案を株主総会に提出した場合，取締役は株主総会でこの事項を相当とする理由を説明しなければならない（361条4項）。ただし，この事項には2019年改正前では額が確定している報酬が含まれていなかった（江頭 2024，472；神田 2024，262）。

　経営者報酬の決定については，①公開大会社で有価証券報告書（金商法24条1項）を提出している監査役会設置会社，及び②監査等委員会設置会社では，取締役会が取締役個人別の報酬の内容の決定方針を定めなければならない（361

6　富士フイルムホールディングス株式会社『第126期有価証券報告書（自2021年4月1日 至2022年3月31日）』117頁。
7　株式会社リソー教育『第37期有価証券報告書（自2021年3月1日　至2022年2月28日）』39頁。
8　三谷セキサン株式会社『第89期有価証券報告書（自2021年4月1日　至2022年3月31日）』34頁。

条7項）。ただし，定款や株主総会の決議で，個人別の報酬が決定されている場合は決定する必要はないとされている（同項ただし書き）。また，このような決定方針の決定を取締役に委任することはできない（362条4項・399条の13第5項7号）。

監査役会設置会社や監査等委員会設置会社の取締役会で定めるべき報酬の内容の決定方針としては，以下の項目が規定されている（施行規則98条の5）。すなわち，①取締役の個人別の報酬の金額やその算定方法の決定方針（同条1号），②個人別の報酬のうち，企業利益や株価などの業績に連動する報酬[9]には，それに使われる業績指標の内容と，金額または数の算定方法の決定方針（同条2号），③自社の株式や新株予約権のような金銭でない報酬[10]にはその内容と，金額や数，またはその算定方法の決定方針（同条3号），④それぞれの報酬の割合の決定方針（同条4号），⑤取締役に報酬を与える時期や条件の決定方針（同条5号），⑥報酬の決定を特定の取締役などに委任する場合には委任された人物の氏名または地位，委任する権限の内容などの事項（同条6号），などである。なお，監査役会設置会社や監査等委員会設置会社に対して求められる決定方針の決定の事項は，2019年の会社法改正より追加された事項である（神田 2024，262；田中 2023，272）。

一方，指名委員会等設置会社でも，報酬委員会が執行役等の報酬の内容の決定方針を定め（409条1項），その方針に基づいて個人別に報酬を決定する必要がある（409条3項）。具体的には，額が確定している報酬には個人別の金額（同項1号），額が確定していない報酬には個人別の具体的な算定方法（同項2号），自社の株式や新株予約権には数やその他の事項（同項3号-5号），自社の株式や新株予約権を除く金銭でない報酬には個人別の具体的な内容（同項6号），である。

近年，指名委員会等設置会社ではない企業が，報酬決定に関する透明性を高

9　会社法施行規則では「業績連動報酬等」とされている。
10　会社法施行規則では「非金銭報酬等」とされている。

28　第Ⅰ部　経営者報酬決定に関わる理論

めるために，社外取締役等からなる「任意の報酬委員会」を自主的に設置する動きもある。これは指名委員会等設置会社の「報酬委員会」と異なり法的根拠をもたないため，取締役らの報酬（個人別・総額ともに）を最終決定する権限はなく，原則どおり定款の規定または株主総会決議が必要となる（361条1項）。もっとも，任意の報酬委員会が取締役の個人別の報酬内容の決定にかかる方針や素案を作り，それをもとに取締役会が個人別の報酬等の内容の決定にかかる方針を定める（同条7項）ことは可能である。

　次に，経営者報酬の開示制度をまとめる。公開会社では，取締役の報酬は事業報告で開示する必要がある（435条2項，施行規則119条2号・121条4号‐6号の3・122条1項2号）。その具体的な内容は，①取締役や執行役のような役職ごとの報酬の総額や報酬を与えられる役員の人数（施行規則121条4号イ），②会計利益や株価などの業績と連動する報酬の場合には，計算に利用した指標の内容やその理由，この指標の実績，報酬の算定方法（同条5号の2），③金銭でない報酬の場合にはその内容（同条5号の3），などである。さらに，上述の決定方針（361条7項）を定める場合には，決定方針の決定方法，内容の概要，当該年度の報酬内容が決定方針に沿うものであると取締役会が判断した理由（施行規則121条6号）も開示する必要があるとされている。また，報酬の決定を特定の取締役などに委任している場合には委任された人物の氏名と地位，権限の内容や権限を委任した理由などを開示することも求められている（同条6号の3）。この報酬の内容の開示は，2019年度会社法改正で充実された（伊藤ほか 2023, 238；神田 2024, 263；田中 2023, 272, 277）。

　有価証券報告書の提出義務のある会社（金商法24条1項）では，報酬額1億円以上の役員は個人別の報酬額を開示する必要がある（開示府令15条1号イ，第三号様式・記載上の注意（38），第二号様式・記載上の注意（57）b）。一方，この基準を下回っていても，個別役員ごとに開示することも可能である（施行規則121条4号ロハ）。実際，武田薬品工業株式会社では1億円未満の報酬を得ている役員についても個別に報酬額の開示がされている[11]。

　本節では，経営者報酬の決定や開示に関連する制度をまとめた。会社法を中

心とする法制度では，経営者報酬の額だけでなく，その算定方法のような報酬の決定方針を定めることが求められる。また，この報酬の内容の開示も規定されていた。ここから，経営者報酬の決定方針を開示している企業は，その方針にしたがって経営者報酬を決定していることがうかがえる。一方，それを開示していない企業はそもそも報酬の決定方針を有していない可能性が考えられる。また，経営者報酬の決定が取締役会に一任されることが多く，そこからさらに代表取締役に再一任されることもある。これは経営者が自身の報酬を自ら決定している可能性を意味している。では，経営者報酬は誰が決定しているのか。次節ではその決定権限と決定プロセスの開示事例を分析する。

3 経営者報酬の決定に関する実態

ここでは，経営者報酬の決定に関する実態を調査する。日本の経営者報酬に関する研究を進めるうえで，実質的にどの会社機関が決定権をもっているのか，どのような主体が，どのようなプロセスで報酬決定に影響を与えうるのかの実態を確認しておくことは有用だろう。

前述のとおり，株主総会では上限などの大枠を決めるのみで，詳細な内容の決定は取締役会に委任されているのが通例である。指名委員会等設置会社では報酬委員会が報酬の決定権限を有するが，ほかの機関設計の会社では「誰が決定権限をもつのか」が論点となる。ここでは，2019年に施行された「企業内容等の開示に関する内閣府令の一部を改正する内閣府令」で報酬の額・方針に関する決定権限を有する者の氏名や権限内容の開示が求められていることに着目し，その実態を明らかにしていく。なお，このときの対象は，2021年4月〜2022年3月の決算に対応する有価証券報告書のうち，【役員の報酬等】欄で対

11　武田薬品工業株式会社『第145期有価証券報告書（自2021年4月1日　至2022年3月31日）』122-123頁。

象となる開示が行なわれていた3,887件である。その内訳は、指名委員会等設置会社が82社、監査等委員会設置会社が1,424社、監査役会設置会社が2,381社である。

実務上は、取締役の報酬に関する方針の決定権限と、個人別の具体額の決定権限がわかれているケースが多い。とくに濃淡がわかれる論点として、以下では個人別の具体額の決定権限の状況を詳しくみていく[12]。とくに本節では、断りがなければ代表者を含む社内取締役（監査等委員や社外取締役を除く）の報酬額の決定を念頭に置く。なお、監査等委員である取締役の報酬は、監査等委員の合議で決定する旨の開示が一般的である。他方、社外取締役は、必ずしも一般に社内取締役と区別して決定権限が置かれているわけではない。

図表1-1は、会社機関ごとに個人別報酬額の決定権限の配分を示している。指名委員会等設置会社を除く3,805社のうち、約60％を占める2,276社では、個人別の具体額の決定の一部または全部を経営トップ（代表権を有する取締役、社長、会長）に委任する旨が定められている。その大半の会社は、取締役の多くが業務執行取締役であり、会社全体を俯瞰して各部門や業務執行取締役の評価を決定するときに取締役の合議によるよりも業務執行の統括者である経営トップによる決定が最適である、といった理由を記載している。これらの会社は、取締役が経営トップの評価を下すという英米式の考え方ではなく、業務執行のリーダーである経営トップが各業務執行取締役の評価を行なう、というロジックで報酬を決めていることが読み取れる。

なお、具体額を経営トップが決定するとき、具体的な報酬決定のすべてを一任するケースが一般的だが、特定の報酬区分でのみ権限を移譲するケースも一定数存在する。たとえば、固定報酬と業績連動報酬では代表取締役が各取締役

12　方針については、そもそも独立した「役員の報酬等の額又はその算定方法の決定に関する方針」が存在するか否かが不明瞭なケースが散見された。数は少ないが、一部の会社ではそうした方針にあたるものが存在しないとする旨を明確に記載していた。方針が存在するケースでは、ほとんどの場合当該方針の決定を取締役会で決議しているとの旨が記載されている。

の業績評価に基づいて配分するが，非金銭報酬（株式報酬など）では取締役会が決議を行なうとする会社もある。

図表1-1◇会社機関と個人別報酬額の決定権限（一部委任含む）

	経営トップ	取締役会	委員会等	総計
監査等委員会設置会社	814	549	61	1,424
監査役会設置会社	1,462	796	123	2,381
指名委員会等設置会社			82	82
総計	2,276	1,345	266	3,887

（出所）筆者作成

　次に多いのは，個人別の報酬額も取締役会の決議によるとした1,345社であり，全体の35％程度を占める[13]。この方式を採用する一部の会社は，客観性や透明性を確保する観点から，特定の取締役に権限移譲は行なわない，といった理由を記載していた。残りの266社は，法定ないし任意の委員会に個人別の報酬決定を委任する旨を定めている。とくに多くみられたのは，社外取締役と代表取締役で構成する任意の報酬委員会に具体額の決定を委ねるケースである。こうした権限移譲は指名委員会等設置会社の報酬委員会と類似するが，当該形態を採用する会社数は監査役会設置会社及び監査等委員会設置会社全体の5％にも満たない。

　こうしてみると，ほとんどの会社で経営トップや取締役会が個人別報酬額の形式上の決定主体だと読み取れる。他方，そうした形式上の決定権限の配分がどの程度「実質的な裁量の所在」を捉えているのかは，慎重な解釈を要する。

13　金融庁が2019年に公表した「『企業内容等の開示に関する内閣府令の一部を改正する内閣府令（案）』に対するパブリックコメントの概要及びコメントに対する金融庁の考え方」では，報酬決定につき特定の取締役等への再一任が行なわれている場合にはその旨を記載すべきとされている。これに基づき，本調査では再一任に関する記述がない場合はそうした権限移譲を行なっていないと判断し，取締役会が権限を有すると分類している。

32　第Ⅰ部　経営者報酬決定に関わる理論

たとえば，代表者に個人別報酬額の決定を一任するといっても，その実態はさ
まざまである。一部の会社では，特段の報酬決定方針が存在せず，「代表取締
役に一任する」以上の開示が行なわれていない。逆に，代表者に一任するとし
ながらも，報酬額の決定に際して諮問機関を設けたり，極めて詳細な報酬規程
を事前に取締役会等で策定し代表者の裁量を制限したりするケースもみられる。

　取締役会が最終的な決定権限を有する場合でも，各役員の評価や報酬額の原
案は代表取締役等が作成しているケースも多々みられる。この場合，取締役会
が最終的に審議を行なう点を除けば，代表取締役に具体額の決定を一任してい
るケースと実態はさほど変わらないかもしれない。また，任意の委員会を設置
している会社は指名委員会等設置会社の形態に類似するが，社外取締役が過半
数を占めている，社外取締役が委員長を務めているといった要件が必ずしもす
べてのケースで満たされているわけではない。決定権限の配分は重要であるが，
その多様な実態には慎重な解釈が必要だろう。

　前述のとおり，監査役会設置会社や監査等委員会設置会社では，法定ないし
任意の委員会が報酬の決定権限を有するケースはごく少数に留まる。一方，報
酬設計において任意の委員会等が役割をもつ事例は決して少なくない。図表
1-2は，経営トップあるいは取締役会が決定権限を有するケースで，報酬決
定にあたり諮問・答申の役割を果たす機関が存在するか否かを集計した結果を
示している[14]。これをみると，半数以上の会社で報酬の妥当性について決定権
限の保有者に答申を行なう仕組みが存在することがわかる。傾向として，取締
役会が報酬額の決定権限を有する会社のほうが，経営トップが決定者となる会
社よりも諮問・答申を行なう機関が存在する割合が高いことがわかる。報酬額
の決定を経営トップに一任する形式の会社に比べ，取締役会を決定機関とする
会社ではより客観性・透明性を重視するという傾向が表われているのかもしれ
ない。

14　ほとんどの会社で統一的に使われている「諮問」「答申」の単語がヒットした場合に，
　「諮問・答申あり」に分類している。

図表 1－2 ◇決定権限の所在と諮問・答申機関の存在

	諮問・答申なし	諮問・答申あり	総計
経営トップ	1,197	1,079	2,276
取締役会	499	846	1,345
総計	1,696	1,925	3,621

（出所）筆者作成

　諮問・答申については，社外取締役が行なう事例と，社外取締役及び代表取締役（ないし一部の人事担当役員）で構成される委員会を設けて行なう事例が多い。同委員会は個人別報酬額の決定で答申を行なうのはもちろん，取締役会で定める決定方針の策定段階から関わっているケースもみられる。

　一部の会社では，「お手盛り」を防ぐためのユニークな工夫が垣間みえる。取締役会が決定権限をもつ場合でも，取締役会に付議される前にほとんど個人別の報酬が確定していると推察されるケースがある。たとえば，稲畑産業株式会社では，人事室が規定に基づく計算式・係数により自動的に個人別報酬を算出し，独立社外取締役が過半数を占める任意の指名・報酬委員会による審議を経て取締役会が最終決定を行なうとしている[15]。ほかにも，再一任の対象となる代表取締役の裁量に定量的な制約を設定するケースもある。株式会社淀川製鋼所では，社内の報酬規程に従って算出した個人別の報酬額のプラスマイナス20％を超えない範囲で代表取締役が考課査定を行なうことができると定めている[16]。また一部の会社では，コンサルティング・ファームや報酬アドバイザーなど，外部機関による客観的なデータを参考にして妥当な水準を決定するという旨の方針も存在する。たとえば，積水ハウス株式会社では任意の人事・報酬諮問委員会が個人別報酬の決定について委任を受けているが，その審議にあ

15　稲畑産業株式会社『第161期有価証券報告書（自2021年 4 月 1 日　至2022年 3 月31日）』48頁。

16　株式会社淀川製鋼所『第123期有価証券報告書（自2021年 4 月 1 日　至2022年 3 月31日）』45頁。

34　第Ⅰ部　経営者報酬決定に関わる理論

たっては WTW（ウィリス・タワーズワトソン）の報酬アドバイザーによる情報収集・助言が活用されている[17]。すなわち，企業の状況に合わせたさまざまな報酬決定プロセスが観察された。

　まとめると，日本企業の経営者報酬はその多くが経営トップの権限で決定されており，法定ないし任意の報酬委員会等が決定権限を有するケースはきわめて少数に留まることがわかる。とはいえ，半数以上の会社で社外取締役や任意設置の委員会が報酬決定に際して諮問・答申を行なっているなど，経営者による裁量を制限する仕組みを取り入れる会社も数多く存在し，実質的な権限・裁量の程度は多様なことが推察される。

　なお，本節で調査した対象は，2021年4月〜2022年3月の決算に対応する有価証券報告書のうち，【役員の報酬等】欄で対象となる開示が行なわれていた企業に絞られる。そのため，前後の年度を確認すれば状況が変化している可能性がある点に注意を要する。翻って，それらを調査することが，新たな研究機会を生み出す可能性がある。

4　本章のまとめ

　本章では，経営者報酬にかかる法制度についてまとめた。また，実際の開示事例から，経営者報酬の決定権限の実態をみた。法制度上，経営者報酬はその決定方針を決定し，その内容を開示する必要がある。ここから，決定方針が開示されていない企業では，その方針が存在していない可能性が考えられる。また，経営者報酬の決定は取締役会に一任されることも認められている。実際の状況を確認すると，多くの企業では経営トップが経営者報酬の決定の権限を有していることが明らかとなった。つまり，決定方針が定められていない企業で

17　積水ハウス株式会社『第71期有価証券報告書（自2021年2月1日　至2022年1月31日）』68頁。

は，報酬が経営者による「お手盛り」となっているかもしれない。ただし，社外取締役や任意の報酬委員会の諮問や答申を有する企業も多く，経営者による「お手盛り」を防ぐ工夫も観察された。

　経営者報酬は経営者を報いるために企業の所有者たる株主が決定することが前提となる。日本企業では，この前提が必ずしも当てはまらない部分がみられた。本章で明らかになった制度と実態を考慮して，日本企業の経営者報酬についての議論を進める必要があるだろう。

（井上　謙仁・岩田　聖徳・千手　崇史）

第 2 章

経営者報酬研究を支える
業績評価の理論

1 はじめに

　本章では，実証研究に対して予測を提供する理論を紹介する。ここではとく
に，経済学的な理論を中心に紹介するが，一部，心理的な側面を考慮した研究
も紹介する。会計研究では，契約理論（エージェンシー理論）とよばれる理論
が頻繁に利用され，その理論に基づいて予測を立てることで，会計実務の説明
に役立てる。実証研究では仮説を立てて，その仮説が支持されるかどうかを検
証するため，仮説の構築には理論が大きな役割を果たしている。

　本章ではとくに，経営者の業績評価と関わる理論を紹介する[1]。2019年の
「企業内容等の開示に関する内閣府令」の改正以降，経営者の業績評価に関す
る内容を詳細に開示することが求められている。そのため，経営者の業績評価
は我々に利用可能な情報になることが予想される。しかし，そういった中で
「各業績評価にはどのような効果があって，結局どの業績評価が自社にフィッ

---

[1]　本章では数式を使った説明を省略する。契約理論で展開される数理モデルの詳細を知り
　　たい読者は，たとえば，伊藤（2003），伊藤ほか（2019），石田・玉田（2020）を参照され
　　たい。

38 第Ⅰ部 経営者報酬決定に関わる理論

トするのか」を考えることは簡単ではない。そのため，ここで紹介する理論が
そういった疑問に少しでも答えられるように貢献できればと考えている。

　なお，本書は経営者報酬での業績評価に焦点を当てているので，経営者の業
績評価と関係する理論を紹介している。しかし，本章で紹介する業績評価に関
する理論は，組織内部で管理会計的に利用することも可能だと申し添えておく。
本書の研究は，管理会計研究の成果を応用して，経営者の業績評価に関する研
究に取り組んでいるともいえるだろう。

2 モラル・ハザード問題

　契約理論は，意思決定を他者に依頼する主体（プリンシパル）と意思決定を
実際に行なう主体（エージェント）との間の取引を分析する枠組みを提供して
いる。具体的には，エージェントの行動を適切に制御するために，プリンシパ
ルはどのような制度（契約）を設計するべきかという問題を，状況に応じた数
理モデルに落とし込み分析する。企業経営の文脈で考えるなら，経営者報酬の
設計問題を「業績評価や報酬制度の設計を通じて経営者の行動をどのように導
いたらよいかという問題」と捉えると，契約理論で分析することが有効になる。
プリンシパルとエージェントの関係を考えると，契約を提示する企業側（株主
を含む所有者や契約設計者）と提示された契約のもとで行動を選択する経営者が，
それぞれプリンシパルとエージェントに該当すると考えられる。所有と経営の
分離が顕著となっている現在では，経営者と株主の関係を議論するうえで有益
な理論となる。

　適切な業績評価や報酬制度の設計が行なわれなければ，経営者（エージェン
ト）は自己の利益を追求し，企業（プリンシパル）にとって望ましい意思決定
を行なわない可能性がある。根本的な原因は，経営者の利害と企業（または，
株主）の利害が必ずしも一致しないことにある。たとえば，株主は株主利益を
できるだけ大きくしたいと考えるが，経営者は自身の評判を高めることや，事

業規模の拡大を重要視しているかもしれない。この場合，経営者の自発的な意思決定は株主にとって望ましくない結果を引き起こす。したがって，株主の視点に立つと，なんらかの方法で経営者の行動を自身にとって望ましい方向に導く必要がある。

　仮に，株主が経営者の行動を観察可能かつ立証可能なら，経営者の行動をモニタリングすることでコントロールできる。経営者が適切な経営を行なっている場合のみ報酬を支払い，そうでないなら解雇することをあらかじめ契約で定めておけば，株主に行動を監視されている経営者は適切な経営を行なわざるを得ない。だが実際には，経営者の行動をいつも観察できるとは限らない。つまり，経営者の行動に直接紐づいた契約を設計することは困難となる。このような状況では，経営者は株主に黙って自身にとってのみ望ましい行動を選択する可能性がある。このようなエージェントの隠れた行動によりプリンシパルの利害が損なわれる現象はモラル・ハザードとよばれ，Holmström（1979）などが先駆的な研究に取り組んだ。

（1）リスク分担とインセンティブのトレードオフ

　先述したように，モラル・ハザードに直面した状況下での業績評価を複雑にしている要因は，経営者の行動に直接紐づいた対価を支払うことが困難な点である。代わりに評価者は経営者の生み出した成果（会社の業績等）に基づいて報酬契約を設計する。もし，経営者の選択した行動で生み出される成果が不確実性を伴わないなら，契約者の行動が観察可能である場合と状況は変わらないので，モラル・ハザード問題はあまり重要ではない。これは，経営者の行動が直接的に利益などの成果に反映されるので，利益をとおして経営者の行動を正確に推測できるためである。しかし実際には，経営者の生み出す成果は市場環境等の不確実性による影響を受ける。業績指標が不確実性に影響される場合，経営者はたまたまよい成果が生み出されることを狙って努力を怠ったり，自身の努力が適切に評価されないことを避ける誘因をもつ。このような状況でリス

クを嫌う経営者に対して報酬契約を設計するには，リスク分担とインセンティブの間に発生するトレードオフを考慮する必要がある。

　リスクを嫌う経営者に適切なインセンティブを与えるためには，（不確実性を伴う）成果と報酬の関係を弱めなければならない。経営者によい成果を高い確率で生み出す行動を取らせようとして，報酬を成果に強く依存させる場合，企業は経営者に対して多額のリスク補償を提供しなければならなくなる。また，報酬を成果に依存せずに支払う場合には，経営者は成果とは無関係に自身にとって都合のよい行動をとる。このような状況下では，リスクを嫌うリスク回避的な経営者にある程度のリスク負担を強い，企業側は経営者の非効率な行動をある程度受け入れる必要性が出てくる。高い成果に対する報酬が高く，低い成果に対する報酬が低いほど，経営者はなるべく高い成果を生み出す行動を選択するようになる。その一方で，経営者がコントロールできない要因が成果に与える影響が大きくなるほどこの効果は弱められる（高い成果を高い確率で生み出す行動を取らせるにはコストがかかる）ことが理論的に示されている[2]。

（2）マルチ・タスク問題

　経営者が日常的に行なう業務は多岐にわたる，それぞれの業務は企業の成功には不可欠だが，その成果の観察のしやすさには差がある。たとえば，短期的な売上や株価を高める努力が行なわれたかを測る指標としては，直近の売上や株価をそのまま使えばよい。一方で，企業の長期的な成功には，設備投資，研究開発，広告宣伝を行なったり，職場環境整備（従業員に対する心理的・制度的なサポート）や業界内での人脈の構築等が必要不可欠である。しかし，これら

2　Banker and Datar（1989）は成果を測る指標が複数観察される場合に，最適な成果評価指標が各成果指標の線型結合（複数の指標がウェイトづけされて合計で100％となる状態）となるための重要な条件を導出した。Banker and Datar（1989）を含めて，本書で紹介するいくつかの文献は，太田（2021）で数学的な分析を含む詳細な解説がされているので，興味のある場合はそちらを参照せよ。

の業務が（適切に）行なわれたかを測るのは難しい。このような状況で，売上高や株価ばかりを重視して業績評価を行なうと，成果のみえにくい業務を行なうインセンティブを下げてしまい，結果として，非効率な企業経営が行なわれる。たとえば，企業が長期的に競争力を高めるうえで，研究開発に対する投資は重要となる。しかし，研究開発がどれだけ将来の競争力を高めているかを観察するのは困難である。そのため，経営者が短期的な利益を高める目的で研究開発費を削減（研究開発の努力を減ら）し，長期的な視点からは非効率な投資が行なわれる可能性もある。つまり，エージェントが複数の業務を行ない，それぞれの成果の観測しやすさに差がある場合に成果報酬を使うと，成果のみえない業務から成果のみえやすい業務への非効率な努力の代替を引き起こす可能性がある。したがって，成果のみえにくい業務が企業の円滑な運営に必要不可欠な場合，成果報酬制度の採用は深刻な問題を引き起こす可能性がある。このような問題が生じる場合には，成果に依存しない固定報酬制度を採用するか業務を複数人で分担するといった対策をとる必要がある。

　このように，複数のタスクがあるケースを想定したプリンシパルとエージェント間の問題をマルチ・タスク問題という。会計研究では，このマルチ・タスク問題を考察した理論研究が過去にも進められている（Feltham and Xie 1994など）。マルチ・タスク問題では，上記の問題を含めて，たとえば契約に利用できない指標と利用可能な指標間での努力配分の歪みを調査した研究がある。具体例として，品質のような正確に測定することが難しく，契約に正しく利用できない業績指標と売上高を考える。このとき，品質向上努力も企業には必要であるにもかかわらず，報酬に直接影響しないため売上高を高める努力により多くの努力を割いてしまう。

　しかし，本書の読者は必ずしもこの例に納得しないかもしれない。直観的に考えて，品質を高めることが将来の売上高に貢献するだけでなく，気持ち的には両指標に努力を振りたくなる。いくつかの先行研究は，理論に基づく実験室実験を利用して，この直観が心理的な要因から得られていることを示している（Fehr and Schmidt 2004など）。そのため，経営者報酬契約を設計する際，とく

に非財務的な指標に焦点を当てる場合には，被評価者の心理的な側面も無視できない。加えて，多期間のモデルを利用して，品質などの売上高の先行指標への努力配分を議論した研究もある（Dutta and Reichelstein 2004など）。多期間を考えれば，そういった契約に利用できない「ソフトな」指標に努力を傾注することがあると理論的に示されるため，経営者の契約期間は努力配分に重大な影響を与える。

　本章では第3節で，モラル・ハザード問題に直面した状況下での業績評価について，相対的業績評価に焦点を当てて概観する。また，経営者の行動はたとえ観察できても，専門化された経営スキルを適切に評価することは難しい。この場合，業績評価は評価者の主観による部分が大きくなる。そこで，第4節では主観的業績評価を解説する。また，第5節では業績評価の心理学的側面を解説する。第6節では寡占市場に直面した企業の経営者の業績評価を解説する。

3　相対的業績評価

　第2節で解説したように，経営者の生み出す成果は市場環境や気候条件といった経営者にコントロールできない要因の影響を受ける。こうした状況で，悪い成果の責任を経営者に負わせることは，不要なリスク負担を強いるだけで，経営者に高い成果を生み出す行動を選択させる効果は期待できない。そこで，「経営者が適切な経営を行なったか」を明示的に計測できるなら，そういった情報は積極的に業績評価に活用するべきである。1つの方法は，経営者報酬を経営者の相対的な業績に依存させるという方法である。このような業績評価の方法を相対的業績評価（Relative Performance Evaluation: RPE）という。

（1）相対的業績評価の2つの方法

　相対的業績評価には2つの異なる方法がある。まず，企業は同業他社の業績

を利用して，同業他社グループ全体に共通する市場の不確実性をフィルタリングする方法である。共通した市場環境に直面する同業他社がよい成果をあげているにもかかわらず，自社の成果が芳しくない場合には，自社の経営者が適切な経営を怠った可能性が高い。そのため，同業他社の業績指標の利用が有効になる。経営者報酬は自身の成果に応じて増加する一方で，市場全体のパフォーマンスに反比例して減少する（Gibbons and Murphy 1990; Antle and Smith 1986）。このように，経営者間の相対的な指標を使うことで，市場共通のリスクを軽減でき，より効率的なリスク分担が可能となる[3]。Gibbons and Murphy（1990）は経営者の報酬が業界や市場のパフォーマンスと負の相関があることを発見した。一方で，業界の動向は市場の動向と比べて経営者の報酬や離職に対する影響が小さい可能性も示唆されている（Gibbons and Murphy 1990; Janakiraman et al. 1992）[4]。

Albuquerque（2009）はピア・グループを同じ業界の企業と，同様の規模の企業の両方で定義して実証分析を行ない，相対的業績評価が使われている実証的な証拠を得た。また，Bettis et al.（2018）は，1998年から2012年にかけてパフォーマンス・ベースの株式またはストック・オプションを授与する企業の34〜48％が，なんらかの相対的な成果指標を使用したことを発見した。De Angelis and Grinstein（2020）は成果に基づく報酬を授与する企業のうち34％がCEOの成果をピア・グループと比較して測定していることを発見した。さらに，相対的業績評価を使う企業は，平均して，成果に基づく報酬の49％を相

3　Aggarwal and Samwick（1999a）は寡占競争下で各企業が他社の業績をどのように自社の業績評価に使えばよいかを理論的に考察した。彼らのモデルで相対的業績評価は，情報を抽出するための道具ではなく，市場の競争構造に合わせて経営者の意思決定を適切に誘導するためのコミットメント・デバイスとして使われる。詳細は本章の第6節（2）を参照されたい。

4　Antle and Smith（1986）は業界の売上高が経営者の現金報酬に影響を与える証拠はほとんどみられない一方で，より広範囲な報酬に負の影響を与える証拠をいくつか発見した。いくつかの先行研究では相対的指標の業績評価への利用は限られているということも指摘されている（Jensen and Murphy 1990; Garen 1994）。Gong et al.（2011）は，2006年にS&P1500に属する企業の25％が相対的指標を，明示的に業績評価に使っていることを発見した。

対的業績に関連づけていることも示された。ほかには、相対的業績は経営者の報酬だけでなく、退任に影響を与えている可能性も示唆されている（Barro and Barro 1990; Jenter and Kanaan 2015; Kaplan and Minton 2006）。いずれの研究も、不確実性のフィルタリングを相対的業績評価の役割として議論している。このように、相対的業績評価の理論は、実証研究を考えるうえで重要な示唆を提供している。

次に、企業内の構成員間で成果を比較する方法がある。企業のように複数人で活動する状況下では、フリー・ライディングと競争という問題が生じる。Holmström（1982）はチーム生産で、エージェント間の成果比較によって得られる情報を活用することの有用性を示した。Holmström（1982）の結果で重要なのは、エージェント間で共通の不確実性がない場合に成果比較を使った契約はチームにとって最適にならないことが示された点である。つまり、相対的業績評価によって引き起こされる競争は（競争自体に価値があるというよりは）、情報を適切に抽出するための装置としてチームのパフォーマンスに貢献する。

また、各構成員の成果の序列を評価に使う方法がある。この評価方法は序列トーナメントとよばれる。企業内では、出世競争などが序列トーナメントの構造をもつ。Lazear and Rosen（1981）は序列トーナメントを分析した基礎的な文献である。序列トーナメントの重要なポイントは次の4つにまとめられる。まず、報酬は事前に固定され、相対的な業績のみに依存する。次に、報酬格差が大きいほど、個人の努力インセンティブが高められる。第3に、報酬格差が大きいほど個人の努力インセンティブは高められるが、各個人の努力を高めるために必要となる追加賃金は、ある時点で生み出される追加生産よりも大きくなるので、最適な報酬格差が存在する。最後に、トーナメント参加者が直面する不確実性が大きくなると各個人の努力を高めるために必要な報酬格差は大きくなる。Lazear and Rosen（1981）の結果は、チームの構成員に適切な努力水準をとらせるために、リスクの高い産業ではリスクの低い産業よりも報酬の格差を大きく設定しなければならないと示唆している。また、トーナメント参加者の能力や環境に大きな格差が存在する場合、序列トーナメント方式は適切

なインセンティブを与えることができないことが示されている。その場合には，ハンディキャップを使い，参加者間の格差を（プリンシパルにとって望ましい水準で）埋めることが有効となる。日本では，昇進が重要な影響をもつ（Xu 1997）。そのため，Lazear and Rosen（1981）の成果は，日本の雇用慣行を考えるうえでも重要な示唆を提供するだろう。

DeVaro（2006）はアメリカ合衆国の4つの都市圏の企業データにより，昇進に関する意思決定と昇進に伴う賃金格差が労働者のモチベーションに及ぼす影響を分析し，トーナメント理論を支持する結果を得ている。さらに，Knoeber and Thurman（1994）はトーナメントと（線形）相対的業績評価による契約に直面した養鶏農家のパフォーマンスデータを使い，トーナメント理論の予測と整合的な実証結果を得ている。

（2）相対的業績評価の問題点

相対的業績評価を使うと，他者より優位に立つためにお互いに妨害工作をする可能性がある。日常的にも，出世競争での足の引っ張り合い，政治でのネガティブ・キャンペーン，スポーツ選手によるライバルに対する工作といったニュースを目にする。足の引っ張り合いまでは起こらないにしても，互いに助け合うことがより高い成果を上げるために重要な状況で，その努力を怠るという現象がしばしば観察される。Drago and Garvey（1998）は，オーストラリアの労働者のデータを使い，相対業績に基づく賃金格差が大きい場合には助け合いのインセンティブは低下するという実証結果を得た。

また，相対的業績評価は評価の対象者たちが努力を怠るという方向で結託する原因になりうることも知られている。たとえば，組織内での報酬が相対的業績評価のみに基づく場合，組織のメンバー全員が高い努力をして高い成果を上げると，業績評価の参照点は高く保たれる一方で，各メンバーは高い努力コストを支払う。このとき，全員が努力をしない方針で結託をすると，業績評価の参照点を下げることで，各々が受け取る報酬額を一定水準に保ったまま努力コ

ストを下げることができる。したがって，このような結託は組織のメンバーにとって価値がある。また，ほかのメンバーが努力を怠っている状況で自分だけが高い努力をして高い成果を上げてしまうと，業績評価の参照点を上げてしまうことを通じて，ほかのメンバーの受け取る報酬を下げる。組織のメンバーが長期的な関係にある場合には，このような抜け駆けはほかのメンバーからの仕返しを引き起こす可能性があるので，誰も努力をしないという組織慣習が形成される要因となりうる。Bandiera et al.（2005）ではイギリスのリンゴ農場の労働者に対するフィールド実験を通じて，労働者間の結託の可能性を示唆する結果を得ている。

4 主観的業績評価

　業績評価は，上記の相対的・絶対的業績評価に加えて，評価者による主観的な評価という観点から，客観的業績評価と主観的業績評価にわけられる。客観的業績評価は，あらかじめ決められた公式（フォーミュラ）に基づいて業績が評価されることをさす。たとえば，営業担当者なら，対応した案件数や契約に至った案件数，契約金額などの客観的な業績にのみ基づいて業績評価が実施されることをさす。一方，主観的業績評価は，評価者が主観的に被評価者の業績を評価することをさす。たとえば，上司が部下の業績を評価する際に，市場の急激な変化などで事前に用意された業績指標だけでは部下の努力を捉えきれないことがある。客観的業績評価では，あらかじめ定められた業績指標にのみ基づいて部下の業績は決定されるが，主観的業績評価では上司が裁量的に市場の変化を考慮して業績評価できる。すなわち，両者の違いは評価者の判断が業績評価に反映されるかにある。

（1）主観的業績評価のメリットとデメリット[5]

主観的業績評価の有効性は客観的業績評価の欠点を補うことにある（Gibbs et al. 2004）。たとえば，客観的業績評価の欠点の1つにインセンティブが歪められてしまうことがある。理想的には，報酬契約は被評価者が企業価値に与える影響に関するすべてのありうる情報を利用し，適切にウェイトづけ，インセンティブが職務のさまざまな次元にわたってバランスよく機能するべきである（Holmström and Milgrom 1991）。

しかし，現実的にはそれは容易ではない。たとえば，経営者の業績評価で使われる業績指標を考えてみよう。経営者の職務は単純ではなく非常に複雑で多岐にわたる。そのような場合には，経営者の職務を捉える情報をすべて用意することは困難であり，報酬契約は一部の業績情報のみを利用せざるを得ない。そうすると，経営者は報酬契約で使われている業績（たとえば，利益など）のみに注力し，企業価値の長期的な向上といった重要だがなかなか測定しにくい成果がないがしろにされてしまうかもしれない（Gibbs et al. 2004）。主観的な業績評価を利用することで，容易には定量化・明記しにくい業績情報を業績評価に加えることができ，インセンティブの歪みを改善するのに役立つ。

一方で，主観的業績評価にはもちろんデメリットも存在する。たとえば，主観的業績評価では特定の被評価者を優遇するようなえこひいきが生じる可能性が指摘されている。また，逆に被評価者が評価者にはたらきかけ（たとえば，評価者のご機嫌をとるなど），よりよい評価を得ることに時間を割いてしまう可能性がある。こうしたことは，業績評価の結果を歪めてしまうおそれがある。

5　本書で触れた主観的業績評価のメリット・デメリットは梶原（2004）などを参考にされたい。

（2）主観的業績評価の実践方法

Bol（2008）は，主観的業績評価には3つの実践方法があると指摘している。第1に，主観的に測定された業績指標を評価項目に組み込むことである。主観的に測定された業績指標とは，契約件数や販売金額のような客観的に測定できる業績指標ではなく，たとえば被評価者の頑張り具合といった客観的に測定できない指標を，評価者が主観的に測定する業績指標のことをさす。

第2に，業績指標間の重みづけに柔軟性をもたせる方法である。マルチ・タスクの状況のように複数の業績指標を利用している場合，各指標を均等に業績評価に組み込むのか，それとも指標間での重視度を考慮し，各指標に重みをつけて業績評価に組み込むのかを決めなければならない。たとえば，ある事業部長の業績評価指標として，その事業部の売上高とコストという2つの業績指標が使われている状況を考えよう。このとき，売上高とコストについて1：1の割合で業績評価を行なう場合や，6：4の割合で評価するような場合がある。この評価の割合に評価者の判断を介在させることで柔軟性をもたせる方法が，第2の方法である。

第3の方法は，事前に設定された業績指標以外の要因に基づいて事後的に調整を加えることである。この方法は，あらかじめ定められた業績指標だけで業績評価するのではなく，昨今のコロナ禍のような予期しない出来事や被評価者にとって管理不能な要因や個別の事情等を勘案して，業績評価を下方ないしは上方に修正する方法をさす。

5 心理学的な側面

先に述べた主観的業績評価に代表されるように，業績評価は経済学的な理論だけでなく，心理学的な理論も密接に関連する。たとえば，人が何かを評価する際には，意図せずとも評価者の心理的な影響を受けてしまうことがある。業

績評価の仕組みを設計する際には，そうした心理的なバイアスが影響するかもしれないことを事前に把握しておくことが重要である。ここでは，業績評価における人の心理に着目して，業績評価での論点をいくつか提示する。

（1）寛大化バイアスと中心化バイアス

寛大化バイアスとは，業績評価の結果が甘くなってしまう傾向をさす。他方，中心化バイアスとは，業績評価の結果が中心の値などの特定の値に偏ってしまう傾向をさす。たとえば，業績評価がA〜Eの5段階で実施される状況で，評価がA〜C（特にAやB）に集まってしまうことが予想される。これは寛大化バイアスや中心化バイアスが生じた結果である。

これらのバイアスが生じる原因として，Bol（2011）は業績評価に関する情報収集のコストや評価者と被評価者の関係性が，このバイアスの発生と関係することを示した。エージェンシー理論の観点から，こうしたバイアスの存在は，業績評価におけるインセンティブを歪めてしまうおそれが示唆される（Holmström and Milgrom 1991）。人は不当な評価を受けたとき，その評価結果を不公平だと考えるが，寛大化バイアスはそうした可能性を下げる。また，心理学の研究によれば人はしばしば自らの能力を過大評価するため，寛大化バイアスは自己評価と実際に受ける業績をより整合的にする。事実，被評価者の将来の業績と正の関係にあるというエビデンスが提示されている（Bol 2011）。

なお，これらのバイアスを緩和させるには本章と第4章，第9章で議論する相対的業績評価が有効だろう。相対的業績評価では絶対的な評価と異なり，他者との比較で業績評価が行なわれる。たとえば，先のA〜Eの5段階の評価なら，事前に各評価への割合を定めておくことで，各段階に評価がわかれることになり，評価が特定の段階に集中する寛大化バイアスや中心化バイアスの発生を防ぐことができる。

（2）業績指標の重みづけにおけるバイアス

　業績評価を行なう際，通常ただ1つの業績指標だけでなく，複数の観点から被評価者の業績を評価するために複数の業績指標が使われる。たとえば，財務指標（利益や売上高など）だけでなく，非財務指標（品質や顧客満足度など）も利用している場合を考えてみよう。非財務指標を利用する意図の1つは財務業績だけではなく，非財務業績にも着目して，バランスよく被評価者の業績を評価することだろう。なぜなら，利益などの財務数値は長期的な業績の視点が欠けており，短期的な結果をもたらすとされるからである。また，しばしば非財務指標は財務指標の先行要因だとされる。そこで，第5章のように，非財務指標も利用して複数の観点から業績が評価される。ただし，非財務指標の利用も心理学的な側面から注意が必要である。なぜなら，複数の業績指標を一度に提示されると，評価者はそれらの指標をバランスよく評価することが難しいからである。この問題に対して Ittner et al.（2003）は経済学ならびに心理学に基づく予測を実証した。

　心理学に基づく研究では，経済学の合理的なモデルから逸脱し，人間の情報処理限界と意思決定戦略が業績指標の利用にどう影響するか調査されている。そのうちの1つが，評価者が被評価者の業績を評価する際にプロセスよりも結果を過大評価するものである（Ghosh and Lusch 2000 など）。つまり，評価者は，結果がポジティブ（ネガティブ）なら，その結果を達成するためにとった行動が適切だったかにかかわらず，被評価者をポジティブ（ネガティブ）に評価する傾向がある。したがって，評価者はよりプロセス的な側面をもつ非財務指標よりも，結果としての側面が強い財務指標をついつい過大評価してしまう傾向にある。Ittner et al.（2003）は北米の銀行のデータでこれを示した。

　また，業績指標の重みづけについて，Lipe and Salterio（2000）は共通指標バイアスのエビデンスを提示した。共通指標バイアスとは，たとえば複数の役員を評価する際に，各役員で共通の指標を重視する傾向である。心理学の研究に基づくと，人は指標間の比較の容易さから，複数の事業部や役員を評価する

際に，それぞれに共通する指標を重視してしまう。そうすると，本来は各役員が関わる業務の戦略や環境に合わせた個別の指標が用意されても，それらの指標がないがしろにされ，各事業部や役員に共通する指標が重視されてしまう。このバイアスを解消する手段として，業績指標の設定の背後に存在する意図をきちんと評価者に伝えておくことが有効だとされる。

　上記の議論では業績評価における心理学的な側面として，さまざまなバイアスの存在を取り上げた。業績評価システムを設計する際には，こうしたバイアスの影響も考慮することが肝要である。

6　寡占競争

　これまでは経済学の中でも主に，契約理論とよばれる理論を利用した研究を中心に紹介してきた。それに対して，ここでは寡占競争とよばれる製品市場での競争をベースに経営者の業績評価を考えた研究を紹介する。なお，ここで紹介する理論は第11章の内容と関連する。

（1）委任ゲームと業績指標

　寡占競争を仮定した経営者の業績評価に関連する研究は，経済学分野で委任ゲーム研究とよばれる。委任ゲーム研究の発端は，Vickers（1985）とFershtman and Judd（1987）だといわれる。彼らは，企業の経営を委任するオーナーと，委任される経営者がいると仮定し，製品市場での寡占競争を考えた。

　このとき，Vickers（1985）は，経営者を評価して報酬を決定するための指標として，自社の利潤（利益）だけでなく，販売数量を考えた。販売数量を経営者の業績評価に利用する企業は，実務でもみられる。たとえば，コカ・コーラ ボトラーズジャパンホールディングスの2022年度の統合報告書によると，

業務執行取締役（または取締役）の報酬体系には，販売数量が業績指標として利用されているとわかる[6]。販売数量を経営者報酬契約に利用すると，市場で多くの製品を供給しようというインセンティブが経営者に生じる。そうすると，コカ・コーラは飲料市場を席巻でき，市場での競争を有利に進めることができるようになる。

　対して，Fershtman and Judd（1987）は利潤と売上高で経営者が評価されるケースを分析した。売上高を報酬契約での業績指標として利用するケースは多くみられる。たとえば，荏原製作所は，短期業績連動報酬の決定に売上高を利用している[7]。売上高は販売量×価格で計算される。すなわち，利潤の計算時には利用されていたコストが考慮されないだけでなく，供給量を増やすことで指標が改善する。そうすると，Vickers（1985）の研究結果と同様に，市場に多くの製品を供給するインセンティブを経営者に与えることになる。Vickers（1985）と Fershtman and Judd（1987）は，販売数量や売上高が業績指標として利用される理由を，市場への供給量を増やすインセンティブづけという側面から説明している。

　これらの結果は，競争の激しさ（製品の差別化の程度，または製品代替性）に影響を受ける。第11章で追試を行なう Karuna（2020）は，この競争の激しさと経営者報酬の関係を分析した。委任ゲーム研究の成果によれば，競争が激しくなると両企業がより過剰に製品を供給することでしか，市場で利潤を稼げない。しかし，その結果として極端な過剰供給となってしまい，企業全体の利潤は下がってしまう。自社の利潤を高めようと経営者報酬の決定に上記のような指標を利用すると，結果的に自社の利潤を下げてしまい，経営者報酬が低くなってしまう。

6　『コカ・コーラ ボトラーズジャパンホールディングス統合報告書2022』74頁より。URL: https://www.ccbj-holdings.com/ir/pdf/ja/annual/2022/2022_all_print.pdf（最終アクセス：2023年9月7日）

7　『荏原グループ統合報告書2022』73頁より。URL: https://www.ebara.co.jp/ir/library/annual-report/pdf/__icsFiles/afieldfile/2023/01/25/INT22_a3_JP_2.pdf（最終アクセス：2023年9月8日）

このとき注意を要するのは，市場での競争の形態が意思決定に大きな影響を与えることだろう。もし，市場での販売量を決定する競争に直面しているなら，企業は市場に供給する数量を増やすことで利潤を改善する。対して，価格を決定する競争に直面しているなら，企業は価格を上げることで利潤を改善する。Vickers（1985）と Fershtman and Judd（1987）の結果は，市場に供給する販売量を決定するケースでの結果になっている。

なお，Bloomfield（2021）は，上記の理論に基づいて，アメリカ企業を対象に経営者報酬契約での売上高の利用度を調査している。その結果，経営者報酬契約の詳細な開示が要求される前とあとで，数量競争なら売上高がコミットメント・デバイスとして業績評価に利用されていることを示している。

（2）相対的業績評価

委任ゲーム研究では，これまで本章で紹介した業績評価の研究も行なわれている。そのうち，相対的業績評価研究には，Aggarwal and Samwick（1999a）と Fumas（1992）という 2 つの重要な研究がある。彼らは自社の経営者報酬を決定するときに，他社の業績，すなわち他社の利潤が利用されるケースを考えた。つまり，経営者は自社の利潤と他社（ピア・グループ）の利潤を利用して経営者報酬を与えられる。

彼らが示した最も重要な結果は，市場で販売数量を決定するのか価格を決定するのかに応じて，他社の利潤に乗せるウェイトの符号が変わることである。市場で販売数量を決定するなら，他社の利潤に負のウェイトを乗せる。これは，他社と比較して自社の利潤が大きければ，より多くの報酬を得られることを示している。すなわち，他社と比較して報酬が決定されるという意味で，相対的業績評価を分析している。なおこの結果は，Vickers（1985）と Fershtman and Judd（1987）が示したメカニズムと変わらず，製品市場の競争で他社を打ち負かすインセンティブを経営者に与えるというメカニズムから得られる。

対して価格を決定するとき，製品市場での製品の差別化があれば，両者が価

格を上げることで利潤が改善する。このとき，オーナーは経営者に価格を上げるインセンティブを与えたいと考える。その結果，他社の利潤に正のウェイトを乗せて，経営者に価格を上げるインセンティブを与える。もし正のウェイトが乗っていれば，他社が利潤を改善すると報酬が改善する。すなわち，他社との競争に負けても報酬は大きくなる。経営者は，価格を上げて他社に市場を奪われても報酬が大きくなるため，市場で価格を上げて他社に市場を譲るインセンティブがある。そのため，オーナーは市場で価格を上昇させるために，他社の利潤に正のウェイトを乗せる。日本企業では，統計的な分析をすると自社の報酬と他社の利潤及び報酬に正の関係がみられる。技術的な理由から市場での競争の状況を特定することは難しいが，もしかするとこれらの結果が，そういった日本の経営者報酬実務の説明に役立つかもしれない。

7 本章のまとめ

　本章は，契約理論による研究を中心に，経営者の業績評価と関係する理論を紹介した。本書はこのあと実態調査の結果を記述し，最後に4つの実証研究を掲載する。実態調査では，第4章で相対的業績評価，第5章で非財務指標の利用例を紹介する。非財務指標，とくにESG指標の利用時には，必ずしも客観的な指標が利用されているとは限らない。そのため，ここで紹介したマルチ・タスクに関する理論だけでなく，主観的業績評価に関する理論も重要な示唆を与えてくれるだろう。さらに，第6章ではクローバック条項や経営者報酬の返還を扱う。そういった状況下では，リスク回避に関する心理学的な側面を考察した理論（プロスペクト理論）が適切な説明を与えてくれるかもしれない。

　また，実証研究では，第8章と第9章で相対的業績評価を調査し，第11章では競争と経営者報酬の関係を議論する。そういった意味では，本章の中でもとくに相対的業績評価の理論は重要な議論となっている。なお，すべての研究が複数の業績指標を考察しているので，ここで紹介したマルチ・タスク問題はす

べての議論と関連する。また，第8章は相対的業績評価研究というより，報酬
ベンチマーク研究となることには注意を要する。

（定兼 仁・北田 智久・濱村 純平）

57

第 3 章

経営者報酬契約での
目標設定に関わる先行研究

1 はじめに

(1) 業績連動報酬と目標設定

　日本企業でも，業績連動報酬が経営者報酬で利用されている。三菱UFJリサーチ＆コンサルティングが2022年に実施した調査によれば，プライム市場時価総額上位100社のうち65社が営業利益と経営者報酬の一部を連動させている[1]。

　通常，業績連動報酬は，目標値との相対的な比較により決定される（Murphy 2001）。図表3-1は典型的な業績連動報酬制度の業績と報酬の関係を表わしたグラフである。この図表では，目標値を達成したときに，基準となる報酬額（図表3-1では基準額と表わされている）が支給されるように設計されている。そして，業績の下限値と上限値の間では業績と報酬が連動する。この範囲では，

1　澤村啓介・諏訪内翔子・友野雅樹. 2023.「役員報酬の最新トレンド（2022年）(1) ～報酬構成と業績連動指標～」URL: https://www.murc.jp/library/column/qmt_230111_01/（最終アクセス：2024年2月22日）

実現した業績が目標値よりどのくらい上回ったか，あるいは下回ったかに応じて報酬が変動する。ただし，業績が下限値を下回るときには業績連動報酬は与えられない。また，上限値以上の業績が実現しても，上限額より多くの報酬を受け取ることはできない。

図表3-1のような報酬制度を採用している日本企業に，アサヒグループホールディングス株式会社（以下，アサヒGHD）がある。アサヒGHDでは，代表取締役社長の報酬構成の31％が短期業績連動型の年次賞与である。年次賞与の支給額は，「役位別基準額×業績評価係数（事業利益支給率×50％＋当期利益支給率×50％）×個人評価係数」という計算式で決まる（図表3-2）。目標値の業績を達成すると支給率が100％で，下限値を下回ると支給率は0％，上限値を上回ると支給率は200％のまま一定である。下限値と上限値の間は業績連動範囲であり，業績に応じて支給率が変動する。これは，目標を使った業績連動報酬の典型的な例である。

図表3-1 ◇典型的な業績連動報酬制度の業績と報酬の関係

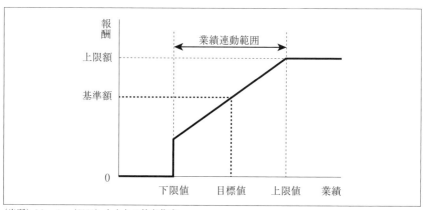

（出所）Murphy（2001）をもとに筆者作成

図表 3-2 ◇アサヒ GHD の報酬制度

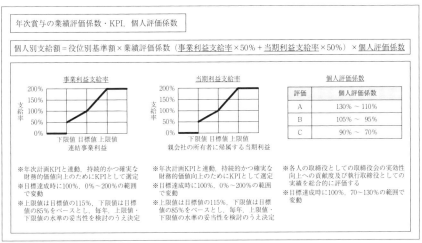

(出所)「アサヒグループホールディングス株式会社第99期有価証券報告書」84頁より抜粋

　また，2005～2013年の日本の上場企業2,082社をサンプルとした研究によれば，経営者業績予想の達成度と役員の現金報酬には正の関係がみられている（Otomasa et al. 2020）。Otomasa et al.（2020）の結果は，日本企業での経営者報酬の決定において，経営者による利益予想が目標としての役割を果たしている可能性を示唆する。アサヒ GHD の事例や，Otomasa et al.（2020）が示す日本企業の傾向から，経営者報酬における業績目標として合理的に客観的な目標を設定する重要性が指摘できる。

（2）目標設定における理論的な示唆

　第2章で紹介した内容を含め，理論によれば目標を利用した業績連動報酬は，2つの理由から経営者の努力水準を高める。第1に，経済学の理論によれば，業績と金銭的インセンティブを連動させる状況では，人は獲得報酬を高めるために多くの努力を行なう（Milgrom and Roberts 1992; Indjejikian and Nanda

2002)。第 2 に，目標の存在自体がモチベーションを高める。心理学の目標設定理論によれば，特定の目標が与えられることは，「全力を尽くせ」というよりもモチベーションを高める効果が大きく，業績を高める可能性がある。また，達成不可能でない限り，目標の困難度が高ければ高いほど業績が高くなる（Locke and Latham 1990, 2002）。

　しかし，上記のメリットを享受するには，適切に目標を設定する必要がある。このとき，下記の問題点を考慮する必要がある。第 1 に，適切な困難度の目標を設定するのは難しく，経営者のインセンティブを最も高めるためには，目標達成の困難度が高すぎても低すぎてもいけない。なぜなら，困難度が低すぎると経営者は容易に目標を達成しそれ以上業績を向上させる努力をしなくなるし，高すぎると目標を達成するのを諦めて業績を向上させる努力をしなくなってしまうからである。また，目標値の付近の業績では，利益調整行動をすることが指摘されている（Graham et al. 2005；須田・花枝 2008）。2015年に発覚した東芝の会計不正では，まさにこのような目標設定が問題になった。第三者委員会による調査報告書では，事業部に対しての「チャレンジ」といわれる達成困難な目標設定と経営陣からの目標達成のプレッシャーが，不適切な会計処理の原因になったと指摘されている[2]。

　第 2 に，目標設定のために過去の業績を利用することがインセンティブに逆効果を与える可能性がある。目標を設定する側は設定される側よりも現場の情報をもたないことが多いため，目標設定時の情報として過去の業績は有用である。企業は，通常 1 年ごとに目標を設定し当期の達成度に基づき次期の目標を決める。安定的な経営環境なら，当期も前期に実現した業績とそれほど変わらない業績を実現できると考えられるからである。しかしその場合，当期に目標を大きく上回る業績を実現すると，次期以降の目標が引き上げられることで，今後の目標の達成が困難になり，長期的には報酬が下がるおそれがある。その

2　株式会社東芝　第三者委員会. 2015.「調査報告書」277頁より。URL: https://www.global.
　toshiba/content/dam/toshiba/migration/corp/irAssets/about/ir/jp/news/20150721_1.pdf
　（最終アクセス：2024年 2 月22日）

ため，部下は当期にさらなる業績向上の余地があっても，意図的に努力を低下させることで目標をぎりぎり達成する程度に業績を抑制するかもしれない。つまり，過去の業績をもとに目標設定を行なうと，そのことがインセンティブに逆効果をもたらす可能性がある。

第3に，期中の環境変化の問題がある。たとえ期首に適切な困難度の目標を設定できても，その後の環境変化で期中に目標の困難度が変化した場合，インセンティブに対して逆効果になる可能性がある（Murphy 2001）。ほとんどの企業は，年度予算のように目標を会計期間ごとに設定し，次の会計期間にはまた新たな目標を設定する。期中の事業環境の変化で目標の困難度が変化したとき，期首に設定した目標を維持するか修正するかの判断に迫られる。部下が期首に設定された目標がもはや達成できないと諦めてしまうと，その後のインセンティブが低下してしまう。上司は部下のインセンティブを回復させるために期中に目標を調整できるが，一方で期首に設定された目標へのコミットメントを低下させるかもしれない。

第4に，期中の環境変化としてさらに大きな規模の事象が発生し，目標そのものが意味をなさなくなるかもしれない。近年みられるように，自然災害や感染症，経済危機といった企業全体に多大な影響を与える予測不可能な事象が発生する場合がある。この場合，通常の目標管理では，業績評価や経営管理を行なうことができないため，経営者は，事前に設定された目標を重視しコントロールを強化すべきなのか，それとも目標にとらわれず柔軟に対応すべきかの判断が求められる。

このように，目標設定では，主に4つの問題点が指摘される。1つ目は目標の困難度に関わる問題，2つ目は目標設定に過去業績を利用することで生じる問題，3つ目は期中の環境変化で目標達成が困難になるという問題，4つ目は，3つ目よりもさらに大きく，企業全体に多大な影響を及ぼす問題である。これらを2つにまとめると，1つ目と2つ目の問題は会計期間ごとの目標設定での問題，3つ目と4つ目は，会計期間内（期中）に発生した事象に対する問題である。

62　第Ⅰ部　経営者報酬決定に関わる理論

このあと，目標設定の問題とその問題に対する方策に関する４つの論点について，第２節で会計期間ごとの問題，続く第３節で期中の問題にわけてレビューする。そして，第４節でそれらの研究を踏まえてどのような目標設定が望ましいか，そして経営者報酬における目標設定の注意点を議論する。

2　会計期間ごとの目標設定

会計期間ごとの目標設定は，近年の目標設定研究で中心的に議論されている。一般的に，企業では会計年度ごとに新しい目標を設定する。その際に，目標をどの程度困難な水準に設定すべきか，そしてどのような情報を使ってその目標を設定すべきかという問題が発生する。

（１）目標の困難度

まず，目標の困難度に関する研究をレビューする。心理学の理論の１つである目標設定理論によると，目標は達成不可能でない限り，難しければ難しいほど業績向上のモチベーションを高めるとされる。しかし，アメリカの企業を対象とした実態調査の結果，実際にはそれほど高い目標が設定されておらず，多くの企業で簡単な目標（達成確率が70％程度）が設定されていることがわかった（Merchant and Manzoni 1989）。すなわち，理論的には目標が困難な業績を高めるとされているにもかかわらず，実務では簡単な目標が設定されている。管理会計分野では，この理論と実務のギャップの研究が進められた。

管理会計の初期の研究では，このギャップは予算スラックという概念で説明されることが多い。予算スラックとは，部下など目標を与えられる側が，目標設定に参加する際に自分が達成可能な水準よりも目標を緩く設定するよう働きかけて作り出される「ゆとり」である。予算スラックは，本来実現可能な水準より売上が下がったり費用が増えたりして，利益を低下させるネガティブな面

がある。一方で，計画に余裕をもたらし想定外の事態に柔軟に対応できる，あるいは長期的に安定的な成長をもたらすポジティブな面も指摘されている（Lukka 1988; Marchant and Manzoni 1989; Onsi et al. 1973）。

さらに，近年の研究では，目標の困難度と業績の関係について，短期的な財務業績を向上させる効果だけでなく，その他の要因が影響していることが明らかにされている。Webb et al.（2013）は，目標の困難度と報酬契約が仕事に取り組む態度に与える影響を実験室実験で分析している。この実験の設定では，とにかく努力して業績を上げられる一方で，効率的な方法を発見すればより少ない努力で業績を上げることができる。つまり，業績を高めるプロセスとして努力量と効率性という2つの尺度を測定した。実験の結果，困難な目標と業績連動報酬の組み合わせは，効率的な方法の発見を妨げる可能性がある一方で，従来より効率的な方法を発見した場合，それを使ってより大きな努力を動機づけると明らかになった。一方で，簡単な目標と固定報酬の組み合わせは，努力をあまり動機づけないものの，より多くの効率的な方法を発見することが明らかになった。このように，効率性や報酬方式との関係も考慮した場合，より困難な目標にするのが必ずしも最適だとはいえない。

また，目標の困難度がなぜ達成容易な水準に設定されるのかのメカニズムを，これまでと異なる視点から解明した研究がある。まず，Fisher et al.（2015）は，上司と部下が相互に影響し合う（上司が目標を設定し，部下がそれに努力し，上司の報酬が部下の業績に依存する）状況で，互恵性が発生し，上司は比較的簡単な目標を設定する傾向にあることを示している。互恵性とは，相互作用関係にある際にお互いの行動に報い合うことをさす。たとえば，相手の親切な行為に報酬を与えたり，逆に相手の不親切な行為に罰を与えたりする。研究の結果，上司と部下が長期的な相互関係にある場合に，目標設定で互恵性を発揮し，上司が低い目標を設定すると従業員がそれに対して高い努力をする一方，上司が高い目標を設定すると従業員がそれに対して低い努力をする傾向がみられた。したがって互恵性は，目標設定で考慮すべき点の1つとなりうる。

加えて，Matějka and Ray（2017）は外部の労働市場の視点から研究を行

64　第Ⅰ部　経営者報酬決定に関わる理論

なった。つまり，優秀な従業員が離職しないよう，達成容易な水準の目標を設定している可能性を検証した。アメリカの企業を対象に質問票調査を行なった結果，彼らの予想どおり，転職防止の重要性が高い（優秀な）従業員には，比較的達成しやすい目標の困難度を与えることがわかった。一方，転職防止の重要性が低い（優秀でない）従業員の場合，すでに達成困難な目標の困難度をさらに上げることがわかった。

　理論的予測では，目標は達成可能な範囲で困難であるほどよいとされてきた。しかし，経験的な研究では，効率性，上司と部下の互恵的関係，外部の労働市場を考慮して目標を設定する必要性が指摘されている。

（2）過去の業績の利用：ラチェット効果

　企業の事業環境は連続的で，前年度が好調な事業環境なら本年度も好調な事業環境が継続する可能性が高いと推測できる。このように，過去の業績は将来の業績を予測するうえで有用な情報なので，多くの企業は目標値を設定するときに過去の実績，とくに前年度の予算と実績の差（以下，予実差）を利用する。

　しかし，前年度の予実差を目標設定に利用すると，ラチェット効果（ratchet effect）とよばれる問題が生じる可能性がある。多くの場合，目標達成時には目標値が引き上げられる一方，目標未達成時には目標値はあまり引き下げられない。このような目標設定はラチェッティング（target ratcheting）とよばれる。ラチェッティングは目標設定に関する多くの研究で観測され，特定企業の内部データを利用した研究（Aranda et al. 2014; Bouwens and Kroos 2011; Leone and Rock 2002），1株当たり利益（Earning per Share，以下，EPS）に関する目標値を利用した研究（Kim and Shin 2017），日本企業の経営者利益予想を利用した研究でも観測されている（安醸 2016；早川ほか 2020）。

　ラチェッティングが行なわれる状況では，一度引き上げられた目標値はあまり引き下げられない傾向にある。そのため，仮に目標を大幅に達成すると，次期以降の目標値が高い水準に引き上げられ，達成困難となってしまう。多くの

企業では，従業員の目標達成状況を当該従業員の業績評価に利用する。その評価結果は賞与といった短期的なインセンティブだけではなく，昇進・昇格といった長期的インセンティブの決定にも利用される。したがって，目標達成が困難なことは，これらのインセンティブに対する期待値の減少を意味する。このような理由から，ラチェッティングが行なわれる状況では，従業員は「目標は達成するが大幅には達成しない」ように行動して，獲得するインセンティブを高めることができる。ラチェット効果は，現在の高業績が将来のペナルティーとなる状況下での，このような業績操作をさす。ラチェット効果が生じると，上司は部下の潜在的な業績を過小評価することになり，企業の資源配分の効率性を損ねる可能性がある。

　ラチェット効果の存在を明らかにした研究に，Bouwens and Kroos（2011）がある。この研究では，オランダの小売店企業１社のデータを分析している。この企業の店長に対する年間目標の設定では，ラチェッティングが観測された。店長は，目標の達成状況に応じて賞与を受け取るため，年間目標が達成確実になった場合，次年度の目標値が引き上げられないように，年間目標を大幅には達成しないよう努力を抑える可能性がある。分析結果は，第３四半期終了時点で年間目標が達成確実な店舗は，最終四半期の業績を意図的に抑えている可能性を示唆していた。すなわち，ラチェット効果が生じていることを示していた。

　ラチェット効果は，現在の高業績が将来のペナルティーになることを従業員が危惧して発生する。したがって，ラチェット効果を防ぐには高業績をあげることが将来的な従業員の損失にならないようにすればよい。より具体的には，「高業績をあげた従業員の目標値を達成困難な水準に設定しない」ことを上司が約束するならば，予実差による目標設定を行なってもラチェット効果は生じない。この約束は経済学で「コミットメント」とよばれている。

　コミットメントを履行するには，前期の目標値が適切な水準だったかを判断する必要がある。仮に，目標値が達成容易な水準なら，目標達成時に目標値を大きく引き上げることが望ましいが，困難な水準なら目標値を引き上げ過ぎないことが望ましい。目標未達の場合も同様で，目標値が容易な水準なら目標値

を引き下げないことが望ましいが、目標値が困難な水準なら、目標値を引き下げるのが望ましい。

目標値が困難かを判断する際に、同僚の情報が有用になる可能性がある。Aranda et al.（2014）は、ヨーロッパの旅行代理店1社のデータにより、次年度の目標設定において同僚の情報が利用されていることを明らかにした。またこの研究では、そのように他者の情報を利用した目標設定を相対的目標設定（Relative Target Setting、以下、RTS）とよんでいる。この研究の分析結果によれば、目標が難しいと判断されるほど、店舗の目標値は引き下げられる傾向にあった。また、目標が難しいと判断されるほど、目標を達成しても目標値は引き上げられず、目標未達時には目標値が引き下げられる傾向にあった。これらの結果は、ラチェッティングに相対的目標設定を組み合わせるといった方法でコミットメントを履行できる可能性を示唆している。

3 会計年度内の目標

目標設定に関する研究の多くは、一度設定された目標は次の予算編成サイクルまで修正されないと仮定している。しかし、事前に目標を設定すると、期首には予測できなかった期中の環境変化で目標の困難度が変化する可能性がある。そこで、期中に目標を修正して、目標の困難度が業績に及ぼす影響を緩和できる。会計年度内の目標の運用に関して、これまでの目標設定研究では証拠の蓄積が十分ではなく、未解決の問題が残されている。また、感染症や災害などのクライシスは目標の達成に大きな影響を与える。その場合に目標のコントロールをどうすべきかは重要な問題である。

（1）目標の期中調整

期首に予測できなかった環境変化が期中に発生し、期首に設定した目標の難

易度が変化することで，従業員のインセンティブが低減することがある。その
ため，企業は期中の環境変化に対応するために，目標の期中調整を行なう
（Feichter et al. 2018; Libby and Lindsay 2010）。

　前章で紹介した契約理論では，目標の期中調整は期中の管理不能な環境要因
から従業員を保護し，報酬のリスク・プレミアムを減少させ，調整後のインセ
ンティブを強化するという利点をもつとされる（Milgrom and Roberts 1992）。
一方，目標の期中修正は，期首に設定された目標へのコミットメントを弱める。
そのため，下方修正を予想している従業員は，好ましくない結果を防ぐための
努力をするインセンティブを弱めるデメリットも予測されている。この問題が
研究ではどのように議論されているかを紹介する。

　Arnold and Artz（2015）は，目標の柔軟性が業績にどのような効果を与え
るかを，ドイツの大企業を対象とした分析で明らかにした。質問票調査と財務
データを分析した結果，目標の困難度と目標の柔軟性（企業が期中に目標を調
整する可能性の度合い）には正の相関関係があり，目標の柔軟性が高いほど企
業業績が低くなることがわかった。

　Kelly et al.（2015）は，目標の調整が従業員の知覚する公正性を介して，間
接的に業績に与える効果を実験で明らかにした。公正性とは，投入した努力と
その結果得られる報酬の関係が誰にとっても同じか，そしてその報酬の決定プ
ロセスが納得できるかである。たとえば，自分が1の努力を行なって1の報酬
を得ているのに，ほかの従業員が1の努力に対して5の報酬を得ているなら公
正でないと感じるだろう。実験の結果，困難度が中程度である目標では，目標
の調整があると公正だと感じ，目標の調整がないときよりも業績が高いことが
明らかになった。

　Burt et al.（2020）は，目標の調整が業績に与える効果を実験で検証した。
その結果，上司と部下の関係性が良好な場合，目標の期中調整は報酬への期待
を通じて間接的に業績を高めることが明らかになった。このことから，上司と
部下の関係性がよければ，期中調整の可能性が業績に与える負の効果を緩和す
ると示唆される。ただし，上司と部下の関係性がよくなければ，報酬への期待

68 第Ⅰ部 経営者報酬決定に関わる理論

の正の効果を除くと，期中調整は業績を低下させることが明らかになった。

このように，期中の目標調整が業績に与える効果は，研究間で異なる結果になっている。Kelly et al.（2015）は目標の期中調整が業績に対して正の効果を示した一方で，Arnold and Artz（2015）及び Burt et al.（2020）は，目標の期中調整が業績に対して負の効果を支持する結果になった。

先行研究で結果が一致しないメカニズムには，報酬に対する期待の違いが影響していると考えられる。報酬に対する期待が低い場合には正の効果を示すが，報酬に対する期待が高いと負の効果が示される（片岡 2023）。実務では，目標の期中調整の実態は多様である。たとえば，毎月目標を見直し調整するローリング予算もあれば，目標達成を困難にする大きな事象が発生したときのみ臨時的に目標を調整する実務もある。目標の期中調整を長期的に常態化させると，調整が予測されることで期首に設定される目標を達成するモチベーションが弱まってしまう負の側面が強調される。目標の期中調整では，モチベーションに与える正の効果と負の効果のバランスを取ることが求められる。

（2）クライシス時の目標管理

前述したとおり，目標を設定するうえで過去の業績は有益な情報となるが，有益になるのは未来（予算）が過去（業績）からの延長線上にあり，連続的なことが前提となる。しかし，新型コロナウイルス感染症（以下，コロナ）やリーマン・ショック，東日本大震災といったクライシスが発生すると，未来が過去と不連続になり，過去の業績情報に基づく予算は，適切な予算とはいえなくなる（目標の困難度が適切ではないなど）可能性が高くなる。

クライシスといっても，コロナのような世界中に影響するものもあれば，自社工場の火災や社内不正といった，影響が一企業にとどまるものもある。本章はその中で，コロナやリーマン・ショックといった，クライシスの影響が単一の産業や組織に限定されないものを想定する。本章が想定するクライシスは，百年に一度，あるいは何十年に一度の頻度で起こるといわれるため，特段取り

上げる必要がないように思われる。しかし、実際には想定よりも高い頻度で発生しており、企業は「クライシスが発生するかもしれない」ではなく、「クライシスは数年に一度の頻度で発生するもの」として対応する必要がある。

前述のように、予算はクライシスの影響を大きく受ける可能性が高い。というのも、クライシス時には不確実性が急激に高まってしまうからである（Rikhardsson et al. 2021）。不確実性の高い環境では、管理不可能な要因が増え、従業員はどう努力すれば望ましい成果が得られるかわからなくなる（吉田ほか 2024）。つまり、不確実性の高い環境では予算による目標管理が平時よりも困難になる。そのため、組織が適切な目標を設定しても、期待どおりの成果をあげにくくなる（Merchant and Van der Stede 2017）。あるいは、従業員が成果をあげるための適切な行動が何かわかっていても、適切な目標でなければ予算による目標管理から期待どおりの成果を得ることは難しい。以上から、クライシスで適切でなくなった予算に対して、企業がどう対処するべきかを明らかにする必要がある。

クライシス時に適切でなくなった予算に、企業がどう対処してきたかに関して、これまでさまざまな研究結果が得られている。クライシス時には、脱予算（Beyond Budgeting）のように、予算を完全に放棄することを示唆している研究がある（Hope and Fraser 2003）。また、Becker et al.（2016）は、予算の機能（計画、資源配分、業績評価）に着目し、ヨーロッパの企業を対象として、財務データ分析及び質問票調査を行なった。これにより、リーマン・ショックの際に企業が予算の計画と資源配分の機能をより重視し、業績評価の機能はあまり重要でなくなったことを明らかにしている。つまり、クライシスにより、予算の機能ごとの重要性が変化した。対して、Colignon and Covaleski（1988）は、ハイテク企業の事例研究を行なった。その結果、経済危機で本社と各部門との情報の非対称性が問題となり、CFO が予算の計画と資源配分を一元化することで、中央集権的な組織構成に変更したことを明らかにしている。さらに、業績をより厳格に管理するため、四半期ごとの達成度で報酬を与える制度を作ったことも明らかにしている。また、van der Kolk et al.（2015）は、リー

マン・ショックによる緊縮財政下にあるヨーロッパの自治体で，インタビューや参与観察を行なった。ここから，予算を制約的に使う（予算削減や業績のより厳格な管理など）ことで，短期的に強い財政的安定性を確保する可能性があると明らかにしている。さらに，Becker（2014）は，複数事例で研究を行なっている。その結果，ヨーロッパに多数の支店をもつ銀行で，リーマン・ショックより数年前に予算目標を放棄したにもかかわらず，リーマン・ショックによって予算放棄前と比較してコストが大幅に増加しているなどの理由から，業績評価と資源配分のために再び予算目標を導入したことを明らかにしている。

　総じて，先行研究では，クライシス時に予算によるコントロールを強くすることもあれば，弱くすることもあると示されている。このような相反する結果が得られる要因として，クライシス発生から時間がどれだけ経過したかという，短期長期の視点が考えられる。Bedford et al.（2022）では，クライシスに対して企業が硬直的かつリスク回避的な対応をする傾向にあると指摘している。そのため，企業は短期的な対応として，権限委譲の程度を低め，より中央集権的な意思決定とコントロールをすると述べている。つまり，コロナ禍で，企業はより厳格な予算目標の達成に焦点を当てることを明らかにしている。さらに，Kober and Thamber（2022）は，オーストラリアの食糧支援団体で参与観察を実施した。クライシス時には目の前の収益低下という短期的な問題と同時に，新市場やオペレーションの再設計という戦略的かつ長期的な問題の両方に立ち向かう必要があることがわかっている。

4 　本章のまとめ

　ここまで，（1）目標の困難度に関わる問題，（2）目標設定に過去業績を利用することで生じる問題，（3）期中の環境変化で目標達成が困難になる問題，（4）企業全体に多大な影響を及ぼすクライシスの問題の各論点をレビューした。本節では，第2節，第3節では触れることができなかった経営者報酬契約での

目標設定の注意点，及び近年みられる非財務目標の導入について補足し，最後に本章のまとめを述べる。

（1）経営者報酬における目標設定の注意点

これまで目標設定に関する研究を紹介してきたが，管理会計領域での目標設定の知見を経営者報酬決定に適用するうえでは，いくつかの注意点がある。まず，これらの研究の中には，比較的単純なタスクを課された従業員を対象とした研究が含まれている。そのため，経営者に対しても同様の効果をもつかは明らかではない。単純な仕事を想定した研究結果の一部は，複雑な仕事やさまざまな種類の仕事が課された状況では適用されない可能性がある（Matějka 2018）。

第2に，経営者は企業の階層関係のトップである。そのため，全部門の業績を集約した企業全体の業績を目標指標とする。よって，経営者は単に自分自身の努力だけでなく，企業全体の複雑な影響のもとで業績を向上させなければならない。そのため従業員1人に設定される目標とは，努力が業績を高める度合いやメカニズムは異なるだろう。

第3に，経営者は資本市場からのプレッシャーを受ける。経営者報酬の目標は，企業の計画や調整の機能を考慮した内部の予算数値に基づいて決まる（Merchant and Van der Stede 2017; Otley 1987）。一方で，資本市場の影響を考慮した結果となる（Graham et al. 2005; Otomasa et al. 2020；円谷 2009）。この資本市場からのプレッシャーは，業績目標を達成するインセンティブとは別に経営者の努力に影響を与える可能性がある。

第4に，経営者は，財務目標だけでなく，非財務指標を含めた複数の指標が報酬契約に使われる。次項でこの点を詳しく述べる。

（2）非財務目標の導入

近年，財務目標を業績評価に結びつけることによる短期志向の経営や，社会

的責任を軽視した弊害が指摘されている。そのため，より長期的な視点で持続可能な企業経営を促すために，ESG 指標や株価を含む非財務目標を経営者報酬契約に取り入れる企業が増加している。三菱 UFJ リサーチ&コンサルティングが2022年に実施した調査によれば，非財務指標を役員報酬に反映させている企業は，プライム市場時価総額上位100社のうち，1年以内の短期インセンティブでは32社，1年超の中長期インセンティブでは48社だった[3]。また，本章の冒頭で取りあげたアサヒ GHD では，3年間の中期賞与の支給額の計算式に社会的価値指標が使われている。中期計画の KPI として策定されているサステナビリティ指標の進捗及び達成状況が5段階で評価され，その評価に基づいて支給率が決定される。

　これまでの財務目標に関する研究成果を非財務目標にもそのまま適用するのは難しい。非財務目標は，財務目標と以下の3つの点で異なると指摘されている（Ioannou et al. 2016）。第1に，財務指標は当期の成果が次期の成果に影響を与えるのに対し，非財務指標は成果に長期的に影響を与える可能性が高い。そのため，非財務目標は，財務目標のように1年単位ではなく，3〜5年程度で中長期的に設定され，報酬も中長期目標の達成度に基づいて与えられる必要があるといえる。

　第2に，財務目標は過去の業績を利用して設定されることが多いのに対し，非財務目標は財務目標とは異なるプロセスで設定される場合がある。企業は非財務目標を設定した経験が財務目標と比較して少なく，自社の過去の業績や他社の業績をベンチマークにすることが困難である。また，非財務目標の設定には，複数のステークホルダーが関与する。たとえば，環境に配慮した企業が，炭素排出量の削減目標を設定するとき，政府や環境団体など，社内外の複数のステークホルダーが関与し，政府や国連の目標と整合させるように設定される。

---

[3]　澤村啓介・友野雅樹. 2023.「役員報酬の最新トレンド（2022年）（2）〜役員報酬に反映する非財務指標〜」URL: https://www.murc.jp/library/column/qmt_230208/（最終アクセス：2024年2月22日）

第3に，非財務目標は財務目標よりも測定が困難なので，主観の入り込む余地が大きい。このような課題は，インセンティブを目的とした非財務的な測定基準に関連する契約可能性の問題を発生させる可能性が高い。さらに，非財務目標は，非財務情報開示のための一般に認められた監査基準が存在しないことから，潜在的に検証が困難となる。また，財務業績に対する非財務業績の管理可能性（業績指標が経営者の行動によって影響を受けやすいこと）の問題が提起されている。とはいえ，その点を考慮しても主観的に評価する利点は存在する。第2章で述べられているとおり，主観的業績評価は客観的に測定することが困難な指標を評価することで，インセンティブの歪みを改善するのに役立つ。透明性と客観性を確保し，公正なプロセスを経て評価することが重要である。

このように，非財務目標は経営者の短期的な財務指標へのインセンティブの歪みを改善し，より長期的な企業価値や社会的価値の向上に役立つ一方で，財務目標と異なる性質をもつため，財務目標の研究成果を非財務目標にそのまま適用できるとはいえない。非財務指標を報酬制度に取り入れ，非財務目標を設定するときには，財務目標との性質の違いに注意する必要がある。

現在の目標設定研究では，非財務目標は比較的新しい分野となっているため，経営者報酬契約研究をとおして研究が進展することを期待する。

(3) おわりに

本章では，管理会計分野における目標設定に関する研究をレビューし，目標設定の論点を整理した。最後に，これまでのレビューをふまえて，目標設定での重要な点についてまとめ，本章の結びとする。

第1に，目標を設定する側とされる側の間の長期的な信頼関係が重要である。Fisher et al. (2015) では，目標を設定する側の上司が低い目標を設定すると目標を設定される側の部下がそれに応えるよう高い努力をする一方，上司が高い目標を設定すると部下がそれに反発するように低い努力をする傾向がみられた。また，ラチェット効果を防ぐために，高い業績を上げた部下の目標をさら

に高めないことを約束し，それを長期的に守る上司によるコミットメントが重要である。そして，部下の業績が高いかの判断では，目標値が達成困難な水準だったかを事後的に判断することも重要である。そしてそれには RTS が有用だと考えられる（Aranda et al. 2014）。しかし，上司と部下の信頼関係が崩れてしまうと，部下の目標達成意欲が低下したり，不正につながるおそれがある。

　第2に，環境変化のリスクに対処することが重要である。目標が業績を高める効果は，環境の不確実性に大きく左右される。目標の期中調整がモチベーションに与える正の効果と負の効果の2つを考慮して，目標の期中調整を行なわなければならない。目標の期中調整は，環境変化によって低下したモチベーションを改善するメリットがある。その一方，期首に設定された目標へのコミットメントを低下させるデメリットもあるため，両者のバランスを取りながら目標を管理することが必要である。さらには，クライシスが発生し，過去の業績情報に基づく予算が意味をなさなくなってしまうこともある。そのような場合には，予算による目標管理が平時よりも困難になるため，予算のコントロールを強化するのか，それとも柔軟に対応するのかの高度な判断が求められる。

　経営者報酬契約では，本章で紹介した内容がどこまで直接役立つかを明言することは難しい。たとえば，目標の期中修正は困難だろうし，上司と部下の関係を通常は想定できない。しかし，前章で紹介した主観的業績評価をうまく利用すれば，目標の期中修正を事後的にできるだろう。また，報酬委員会の管理のもとで報酬を決めるなら，上司と部下の関係に近い状態を作り出せるかもしれない。経営者報酬契約での効果的な目標設定を実施するために，この章の内容が応用可能な組織体系を活用できるかもしれない。さらに，ラチェット効果に関する研究成果は，経営者報酬契約での目標設定には示唆を与えてくれると考えられる。基本的に本章は概念的な整理が中心で，具体的に「この状況でこの目標がいい」という議論ではない。しかし，本章の内容を契機に，より深く管理会計分野での目標設定の議論を追えば，自社の経営者報酬契約での目標設定に役立つ知見を発見できる可能性もある。本章はそのスタート地点としての

考え方を提供できるだろう。

（片岡 亮太・打田 昌輝・早川 翔）

第 II 部

日本企業の経営者報酬契約
に関する実態調査

第4章

相対的業績評価の利用実態

1 はじめに

　本章では，相対的業績評価の利用に焦点を当て，企業の開示情報から経営者報酬契約の詳細を明示的に調査する[1]。相対的業績評価とは，被評価者の評価結果を決定する際に，他者と成果を比較する業績評価である。過去の相対的業績評価研究をレビューした Matsumura and Shin（2013）は，経営者報酬の決定に相対的業績評価が利用されるケースが増えているとした。これは相対的業績評価が経営者報酬の決定に有効なことの裏づけになるだろう。さらに，アメリカではその利用実態が報告されている（Gong et al. 2011）。

　相対的業績評価のメリットは第2章で紹介した契約理論から説明できる。契約理論によると，相対的業績評価は複数エージェントの業績に関連する共通の外的要因の影響を軽減（フィルタリング）できる。そのため，被評価者の努力

1　本章は，早川ほか（2022）の著者3人が，その内容の一部を要約・修正して執筆している。なお，当該論文は査読を経ていないワーキング・ペーパーなので今後改訂の可能性があることには注意を要する。また，本書の内容をベースとし，さらに発展させた論文として，査読を経て雑誌に公刊される可能性もある。

をより正確に測定できる。したがって，共通の外的要因が複数エージェントの成果に強く影響する状況では，相対的業績評価に基づく報酬契約が効率的になるといわれる（Holmström 1982)。複数企業の業績に影響を与える外的要因は多く存在するため，相対的業績評価による経営者報酬の決定は理論的には有用だとされる。

　本章では，このように理論的に有効だとされている相対的業績評価が，日本でも利用されているかを明示的に調査する。具体的には，EDINET で2019年4月年次決算期から2020年3月年次決算期の上場企業の有価証券報告書のデータを閲覧し，その記載内容を確認する。このように，企業の開示情報から経営者報酬契約を考察する方法を明示的アプローチ（explicit approach）という。明示的アプローチの詳細に関しては，本章の最後で議論する。

　本章のように，各企業の開示情報から詳細な報酬契約を確認することで，相対的業績評価の利用を調査した研究はアメリカにも存在する（Bannister and Newman 2003; Gong et al. 2011)。これらの研究によれば，アメリカ上場企業の約25％が経営者報酬の決定に相対的業績評価を利用している。なお，アメリカでの調査結果の詳細は，早川ほか（2022）にまとめているのでそちらを参照せよ。

　一方で，日本の上場企業の経営者報酬を対象とした相対的業績評価研究は，直接的に企業の開示情報から報酬契約を確認してこなかった。先行研究は，大規模データを利用し，統計的にどのような業績評価が利用される傾向にあるかを分析している。これを暗黙的アプローチ（implicit approach）という。暗黙的アプローチでは，企業の報酬契約の内容を詳細に知ることができない。そのため，日本企業の経営者報酬決定での相対的業績評価の利用に関する実態はよくわかっていない。したがって，本章では日本の上場企業の有価証券報告書に記載されている経営者報酬（役員報酬）の決定方針に関する開示情報を利用し，日本企業の相対的業績評価の利用度を調査する。

　さらに本章では，実際に相対的業績評価を利用している企業だけでなく，ピア・グループ（比較対象企業グループ）の設定も調査する。相対的業績評価において，ピア・グループの選択は非常に重要な意味をもつ。たとえば，サービ

ス業に属する企業と製造業に属する企業の比較は，業界が外部要因から受ける影響が異なるため適切でないだろう。加えて，同業種の企業同士でも，立ち上げたばかりの企業の業績を，業界のリーディング・カンパニーと比較しても役に立たないだろう。このように，ピア・グループの選択は相対的業績評価で大きな意味をもつため，各企業がどのようなピア・グループを設定しているかを調査する。なお，ピア・グループの選択に関する議論は濵村・井上（2022）が詳しいのでそちらを参照せよ。

　また，相対的業績評価を使っていなくても，他社の報酬契約情報を利用して報酬契約を決定している企業がある（Bizjak et al. 2011）。すなわち，他企業の情報を利用して報酬が決定される別のケースもある。このような企業の実態を解明することは，企業が他者の情報をどのように報酬に反映しているかを明らかにできるので，相対的業績評価と経営者報酬との関係を理解するうえで有用である。そのため，相対的業績評価の利用実態の調査に加え，他社の報酬契約を参考にして報酬契約を決定している企業がどの程度存在するのかも調査する。

2　分析対象企業の選定と分析方法

　分析対象は，2019年4月年次決算期から2020年3月年次決算期の上場企業3,553社である。分析は下記のプロセスで行なった。まず，EDINET より分析対象企業の有価証券報告書のデータを入手し，「役員の報酬等」に記載されている文字列データを抽出した。続いて，文字列データの中に「相対」，「比較」，「乖離」，「ピア」，「peer」，「同輩」，「他社」，「同業他社」，「同産業」，「同一産業」，「同業種」，「ベンチマーク」，「TOPIX」，「株価指数」，「インデックス」のいずれかの語句が含まれるという条件で，相対的業績評価を利用している，あるいは他社の報酬契約を参考に報酬契約を決定している可能性がある企業613社を特定した。最後に，613社の文字列データの内容を分析し，経営者報酬の決定に相対的業績評価を利用しているか，利用している場合どう利用してい

るか，報酬契約を決定するうえで他社の報酬契約を参考にしているかを確認した。

　なお，相対的業績評価利用企業や他社の報酬契約を参考に報酬契約を決定している企業を特定する語句は下記の手順で選択した。まず，相対的業績評価研究で使用される語句である「相対」，「比較」，「ピア」，「peer」，「同業他社」，「ベンチマーク」を選択した。続いて，前述の語句が「役員の報酬等」に含まれている企業の文字列データから，相対的業績評価利用企業では「同輩」，「他社」，「同産業」，「同一産業」，「同業種」という語句も利用されることを確認したため，それらの語句を追加した。最後に，相対的業績評価利用企業の多くが株価指数を利用していることから，「TOPIX」，「株価指数」，「インデックス」，「乖離」を追加した。

---

3 調査結果

（1）相対的業績評価の利用実態

　主な発見事項は下記の4つとなる。第1に，相対的業績評価利用企業は3,553社のうち48社だった。アメリカでは相対的業績評価利用企業が約25％だというBannister and Newman（2003）やGong et al.（2011）の分析結果と比較すると，日本では約1.3％と少ない。第2に，48社のうち6社が現金報酬の決定に，44社が株式報酬の決定に相対的業績評価を利用し，両方に利用する企業は2社だった。相対的業績評価利用企業の多くが株式報酬の決定に利用しているという結果は，アメリカ企業が対象のGong et al.（2011）の調査結果と一致する。第3に，Bannister and Newman（2003）やGong et al.（2011）と同様に，相対的業績評価に採用される指標は多様で，複数の指標を採用する企業もあった。最後に，ピア・グループに関する情報開示の程度は企業間で差があった。相対的業績評価利用企業のうち，ピア・グループに関する詳細な情報を開示してい

第4章　相対的業績評価の利用実態　*83*

る企業は7社だった。

　図表4-1に，現金報酬の決定に相対的業績評価を利用している6社（三菱マテリアル，信越化学工業，安川電機，武蔵精密工業，アバント，パーソルホールディングス）の「役員の報酬等」内の記載内容をまとめた。6社の記載内容をみると以下がわかる。まず，相対的業績評価にどの指標を採用するかは多様だった。三菱マテリアルと信越化学工業は，連結利益の前年度比による相対的業績評価を実施している。安川電機も利益に関する指標を相対的業績評価に使

図表4-1◇現金報酬の決定に相対的業績評価を利用している企業の
**　　　　「役員の報酬等」における記載内容**

企業名	相対的業績評価に関する記載内容
三菱マテリアル	年次賞与は，単年度の業績評価及び非財務評価に加え，連結営業利益成長率の他社比較評価によって決定。
信越化学工業	自社業績は市況の変化の影響を受ける場合があるため，取締役の業績連動報酬は，当事業年度の連結経常利益の前期との増減比率を基礎に，同業他社の業績を考慮し決定する。
安川電機	各取締役の報酬額は，同業他社の営業利益率，営業利益増加率及びROAを基にした標準偏差から当社業績との相対結果を加味し，算出する。
武蔵精密工業	業績賞与は，当社の業績の評価及び当社の業績と輸送用機器（東証一部）の連結業績平均値との相対評価により算定する。相対評価は，業界における市場競争力を担保するために，輸送用機器（東証一部）の売上高増減率（前年比）及び営業利益率を指標として選択し，取締役会で決定された係数に基づき算定する。
アバント	営業利益増加率と株価上昇率の2指標に基づいて，金銭賞与を支給する。営業利益増加率は連結営業利益の前年度からの増加率である。株価上昇率は下記の式により算出する。 当社株価上昇率＝1＋（当期の期中平均株価÷期首の株価）－（TOPIXの期中平均値÷期首のTOPIX）
パーソルホールディングス	単年度の業績目標について達成状況を評価し，現金報酬を決定する。業績指標は，売上高，営業利益などの財務指標だけではなく，従業員満足度やリスクモニタリングなどの非財務指標も採用している。業績は絶対評価に加え，成長性について国内外の競合他社との相対比較を行ない，外部環境要因を除いた評価を報酬に反映させる。

（注）相対的業績評価に関する記載内容は，該当箇所のみ抜粋し，必要な場合には一部表現を改めている
（出所）早川ほか（2022）

84　第Ⅱ部　日本企業の経営者報酬契約に関する実態調査

用しているが，同業他社の営業利益率，営業利益増加率，ROA の標準偏差の
３つを指標に採用している点で，上記２社とは異なる。武蔵精密工業は利益以
外の会計数値も考慮し，売上高増減率と営業利益率による相対的業績評価を実
施している。アバントは営業利益増加率と当社株価上昇率で現金報酬額を決定
し，当社株価上昇率の計算に相対的業績評価を利用している。パーソルホール
ディングスは，売上高や利益といった財務指標だけでなく，従業員満足度やリ
スクモニタリングなどの非財務指標も考慮した相対的業績評価を実施している。

　もちろん，どのような指標を利用するかは企業がどういった目的を達成した
いかに依存する。たとえば，長期的な利益を重視したいのなら，従業員満足度
といった指標の利用は有効だろう。対して，短期的に市場でよい結果を残した
いのなら，売上高や市場シェアは有効な指標となるだろう。

　さらに，株式報酬の決定に相対的業績評価を利用する44社でも，相対的業績
評価にどの指標を採用するかは違いがみられた。これらの企業のうち，自社で
選定したピア・グループとの比較を行なう企業は10社，TOPIX などの株価指
数との比較を行なう企業は33社（そのうち，TOPIX との比較を行なう企業は29
社[2]），ピア・グループと株価指数の両方を比較に使う企業は１社（アステラス
製薬）だった。Gong et al.（2011）では，株式報酬の決定にのみ相対的業績評
価を利用している企業のうち，自社で選定したピア・グループと比較する企業
は116社，株価指数と比較する企業は83社，両方で比較する企業は15社で，本
研究とは異なる結果になっている。また，多くの企業が株価の成長率で比較し，
株主総利回り（Total Shareholder Return: TSR）で比較する企業は28社，株価成
長率で比較する企業は８社だった。株価の成長率による相対的業績評価を採用
していない１社はコマツで，中期経営計画の達成度合に連動した株式報酬を支

2　その他の４社は，日経平均株価との比較を行なう企業（トヨタ自動車），JPX 日経イン
　デックス400との比較を行なう企業（日本取引所グループ），株価指数と比較を行なうとの
　み記載されており，どの株価指数か不明な企業（平和不動産）である。また，ルネサスエ
　レクトロニクスは，SOX（フィラデルフィア半導体株指数）と TOPIX を比較対象として
　いる。

払っている。中期経営計画の経営指標の中に売上高成長率，営業利益率，ネット D/E レシオがあり，これら3つの指標で国内外の主要同業他社と相対評価を行なっている。

　図表4-2に，ピア・グループに関する詳細な情報が記載されている企業7社（三菱マテリアル，パーソルホールディングス，東芝，ネクソン，三菱地所，アステラス製薬，川崎汽船）のピア・グループに関する情報をまとめた。なお，ピア・グループに関する情報が詳細かどうかの判断基準は，「同産業他社」あるいは「同産業かつ同規模の他社」以上の情報を開示しているかとした。ピア・グループに関してどの程度詳細な情報を開示しているかは，企業により大きく異なる。たとえば，三菱マテリアルは，非鉄金属業に属する6社という，ピア・グループに選定した企業数に関する情報を開示している。アステラス製薬は，ピア・グループの数を書いていないが，選定プロセスを記している。

図表4-2◇ピア・グループに関する詳細な情報が記載されている企業

企業名	ピア・グループ
三菱マテリアル	非鉄金属業に属する6社と同規模製造業各社
パーソルホールディングス	外部のデータベース等を活用してベンチマーク企業群（20～30社を目安）を設定し，当該ベンチマーク企業群の水準を調査・分析のうえ，当社の経営環境を勘案し決定する。2020年度の役員報酬を決定するに当たり参照したベンチマーク企業群は，時価総額や中期経営計画の目標値を基に，同業他社（人材サービス業）や同規模の主要企業から選定した22社。
東芝	当社事業ポートフォリオと類似性を有する企業または東京証券取引所第一部上場の電気機器業種での平均時価総額が10億円以上である企業のうち，株主目線をふまえた国内外の7社。
ネクソン	Electronic Arts 社，Activision/Blizzard 社，Take-Two Interactive 社，任天堂株式会社，株式会社バンダイナムコホールディングス。
三菱地所	野村不動産ホールディングス株式会社，東急不動産ホールディングス株式会社，三井不動産株式会社，東京建物株式会社，住友不動産株式会社。
アステラス製薬	売上収益が当社の0.5倍以上のグローバル製薬企業群。
川崎汽船	日本郵船株式会社，株式会社商船三井。

（注）ピア・グループに関する記載内容は該当箇所のみ抜粋し，必要な場合には一部表現を改めている
（出所）早川ほか（2022）

パーソルホールディングスと東芝は，ピア・グループの選定プロセスと最終的なピア・グループの数の両方を開示している。ピア・グループの具体的な企業名を開示している企業はネクソン，三菱地所，川崎汽船の3社のみだった。

　図表4-2から，ピア・グループを開示している企業でも少し差があるとわかる。たとえば，ネクソンや川崎汽船は具体的な企業名をあげているのに対し，パーソルホールディングスやアステラス製薬は特定の企業名をあげていない。アステラス製薬のように，特定の企業名をあげずにピア・グループの選定プロセスのみ開示している企業は，企業の年度ごとの業績に依存してピア・グループを変化させる運用になっている。このように，具体的な企業を定めておくだけでなく，自社の利用目的や目標管理に応じてピア・グループを変動させることも有効だと考えられる。すなわち，なんらかのルールを定めて，自動的にピア・グループを決定するようにしておくと，その状況に応じてピア・グループ企業を変化させることができる。そうすれば，自社の現在の状況や利用目的に合わせて，より適切なピア・グループを設定できる可能性がある。

　なお，近年は日立製作所などのように，相対株主総利回りを利用して，TOPIXとの比較で相対的業績評価を行なう企業も増えている。TOPIXなどの株価指標を相対的業績評価に利用する場合，そのピア・グループ設定がTOPIXに属する企業になる。すなわち，ウェイトに差があるとはいえ，TOPIXはTOPIXに属する企業の株価の加重平均をとっているため，その指標に影響する企業は，すべて日立製作所の比較対象になっているといえる。そのため，より大きなピア・グループを設定したい場合にはTOPIXも有効だろうし，日本の上場企業全体に影響を与える外的要因を考慮するには効果的だろう。

　なお，Inoue et al.（2023）では，日本の上場企業がTOPIX，東証業種別株価指数，日経平均株価，JPX日経インデックス400を，相対的業績評価に利用する傾向にあるかを統計的に分析した。その結果，東証業種別株価指数のみが相対的業績評価に利用される傾向にある可能性を示している。つまり，TOPIXの利用が拡大してはいるものの，その利用は限定的になっている可能

第4章　相対的業績評価の利用実態　*87*

性を示している。

　ここまでの議論から，本章の発見事項は以下のとおりとなる。第1に，日本では相対的業績評価利用企業は非常にわずかで，その多くは株式報酬の決定に利用していた。第2に，相対的業績評価に採用される指標は多様で，複数の指標が選択される場合もあった。第3に，相対的業績評価利用企業のほとんどは，ピア・グループに関する詳細な情報を開示しておらず，企業名を開示している企業は3社だった。

（2）自社報酬と他社報酬の関係

　他社の報酬契約を参考に報酬契約を決定している企業は520社（そのうち相対的業績評価利用企業は23社）だった。ただし，どのように他社の報酬契約を参考にするかで違いがみられた。たとえば，サンコーテクノは，固定報酬の水準を決定する際に同業他社の報酬水準を考慮している。また，スパークス・グループは，同業他社と比較して魅力的で優秀な人材を獲得できる水準になるように報酬総額の水準を設定すると記載がある。さらに，コスモエネルギーホールディングスは，現金報酬の固定部分と業績連動部分，株式報酬の構成比率で国内大手企業の報酬契約を情報として利用していた。加えて，アステラス製薬は，①日本の株式市場に上場する時価総額上位100社の中から選定された37社と，②売上収益が自社の0.5倍以上2倍以下であるグローバル製薬企業群18社の報酬契約を参考に報酬契約を決定している。アステラス製薬の事例から，報酬契約を決定するために参照する企業と，相対的業績評価のピア・グループとして選定される企業が異なる場合もあるとわかる。

　以上の議論から，他社の報酬契約を参考に報酬契約を決定している企業は相対的業績評価の利用企業よりは多く，一定数存在するとわかる。なお，この調査結果が日本の上場企業全体の傾向としてみられるかを，第8章では暗黙的アプローチにより議論する。

4 本章のまとめ

　本章では，日本の上場企業を対象に有価証券報告書の「役員の報酬等」にある記載情報を分析し，経営者報酬の決定での相対的業績評価の利用に関する実態を明らかにした。分析の結果は下記のとおりになる。第1に，相対的業績評価利用企業は少数で，その多くは株式報酬の決定に利用していた。第2に，相対的業績評価に採用される指標は多様で，複数の指標を採用する企業も存在していた。第3に，相対的業績評価利用企業の多くは，ピア・グループに関する詳細な情報を開示していなかった。最後に，相対的業績評価は利用していないものの，他社の報酬契約情報を利用して報酬契約を決定している企業が一定数存在していた。

　なお，本章の調査結果は，2019年4月年次決算期から2020年3月年次決算期の上場企業を対象とした結果だということには注意が必要である。すなわち，この期間以降に，日本企業の開示状況が変わり，相対的業績評価を利用する企業も増えている可能性がある。しかし，本章の調査結果は，相対的業績評価の将来的な利用を検討している企業の参考になるだろう。

　最後に，あとの章のために明示的アプローチと暗黙的アプローチの違いを述べておく。暗黙的アプローチとは企業の経営者報酬の決定に，何が利用されているかを統計的に検証する間接的な方法である。しかし，Bannister and Newman（2003）は，4つの暗黙的アプローチの問題を指摘した。第1に，実際に経営者報酬の決定にその業績評価を利用している企業と，していない企業を区別せず統計分析を行なうため，分析の検出力が低下する。第2に，暗黙的アプローチでは研究者が業績評価に利用される指標を仮定してその指標と報酬との関係を分析するため，その仮定と実際に利用されている指標との乖離が分析結果に影響を与える。同様に，企業が複数の指標を組み合わせた業績評価を利用している場合も，分析結果にバイアスが混入する。第3に，相対的業績評価では多くの研究は同産業他社をピア・グループと想定しているが，これが実

際のピア・グループとは限らない。そのため，ピア・グループの仮定と実務との乖離で分析結果にバイアスが入る可能性がある。最後に，研究者が分析対象とする報酬区分と，企業が実際に当該業績評価を利用する報酬区分が異なる場合にも分析結果にバイアスが混入する。

この問題に対処するには，質問票調査の実施や企業が開示する経営者報酬の決定方針に関する記述を観察し，企業が業績評価をどのように実施しているかを特定する必要がある。このような直接的な方法は，明示的アプローチとよばれる。

このあと，第5章，第6章は実際の企業の開示情報を利用して，経営者報酬契約での業績評価の実態を，明示的アプローチにより調査する。続けて，第7章では中小企業の経営者報酬の実態を，インタビュー調査する。また，第8章から第11章は経営者報酬契約を暗黙的アプローチにより分析する。一見すると暗黙的アプローチには意味がないようにみえる。しかし，すべての企業が詳細な契約内容を開示していない現状では，明示的アプローチで得られる情報は少ない。そのため，暗黙的アプローチを利用することで，経営者報酬契約の表に出ていない実態を推測できる。つまり，暗黙的アプローチと明示的アプローチをうまく組み合わせることで，日本企業の経営者報酬契約の実態を明らかにできる。

（早川　翔・井上　謙仁・濱村　純平）

第5章

日本企業での非財務指標の利用例

1 はじめに

　経営者報酬制度は株主と経営者の利害を一致させるために有用である。会計利益や株価といった財務指標で経営者報酬を計算すれば，経営者は自身の報酬を高めようと努力する。加えて，近年は経営者報酬の評価指標として，非財務指標，とくにESGに関連する指標を使う企業がみられる。たとえば，CO_2の削減を業績評価指標に組み込めば，経営者は自身の報酬を高めるために，CO_2削減につながる取組みに注力する可能性が高まる。

　いくつかの調査や研究でも，日本企業での経営者報酬契約での非財務指標の利用が報告されている。たとえば，乙政ほか（2022）では2021年の有価証券報告書でESG指標を開示した84社を対象に実態調査している。その結果，具体的なESGの個別要素を示すよりも，「ESG活動の取組み状況を総合的に勘案」のようにESGを包括的に利用して評価していると説明する企業が最多だと示されている。また，具体的に考慮しているステークホルダーを明示していないケースも多くみられた。具体的な指標や考慮するステークホルダーを明示しているケースでも，特定のステークホルダーに限定され，指標を限定する傾向に

あることも明らかとなっている。さらに，乙政ほか（2022）は，ESG指標を経営者報酬契約に導入する決定要因分析も行なっている。ここから，①ESGスコアの高い企業，②機関投資家の持分が大きい企業，③外国法人等の持分が大きい企業が経営者報酬契約にESG指標を取り入れていることが明らかとなっている。

さらに，大和総研が2023年に公開した調査[1]によれば，TOPIX500採用企業の2022年1月から12月までの有価証券報告書に，ESGに関連する指標を使っていると言及した企業は156社存在した。また，単にESGを考慮すると記載しているだけの企業もあったが，具体的に利用されていた指標は，「GHG・CO2の排出量」が46社，「ESGに関する外部評価」が27社，「従業員エンゲージメント」が27社，「従業員・顧客の安全」が18社，「女性管理職比率」が13社，「顧客満足度」が9社であった。

本章では，経営者報酬の決定に非財務指標を利用する企業の実態調査を行なう。先行研究では，経営者報酬契約におけるESG指標の利用についての日本企業の包括的な結果が示されている。しかし，開示内容は個別企業ごとに異なる。具体的な個別企業の事例をみることで，企業ごとの取り組みの特徴やそこで意識されている要点がみえてくるだろう。この具体例をもって，非財務指標を利用した経営者報酬制度の設計に示唆を与えるのが本章の目的となる。

2　非財務指標の利用例

本節の実態調査は有価証券報告書を対象に，経営者報酬制度での非財務指標の特徴的な利用や開示を行なっている企業を例として提示する[2]。

1　大和総研『役員報酬プログラムの開示動向 TOPIX500採用会社の動向分析からみる今後の展望』（2023年6月13日公開）。URL: https://www.dir.co.jp/report/research/law-research/securities/20230613_023845.pdf（最終アクセス：2024年3月7日）

（1）中期経営計画との関係

中期経営計画で策定された目標に関連する非財務指標を，経営者報酬契約での評価指標に採用する企業がみられる。ESG 指標に関連するものとしては，「CO 2 の削減」のような指標がある。その中でも本章では，まずアサヒグループホールディングス株式会社（以下，アサヒ）とヤマハ株式会社（以下，ヤマハ）を取り上げる。これらの 2 社は，中期経営計画で策定された方針に対して，広範な指標を採用しているところに特徴がある。

アサヒの有価証券報告書[3]によると，社内取締役の報酬体系は，基本報酬，年次賞与，中期賞与，株式報酬で構成される。そのなかで，中期賞与の業績評価指標の 1 つとして非財務指標が利用されている。中期賞与は評価期間を 3 年として，財務的価値指標，社会的価値指標，個人評価指標の目標達成度に応じて以下の式により支給額を決定される。

個人別支給額＝役位別基準額

×業績評価係数（財務的価値指標支給率×60％＋社会的価値指標支給率×40％）

×個人評価係数

同有価証券報告書によると，式の指標の内容は以下のとおりである。まず，財務的価値指標は，キャッシュ・フロー経営の深化を目的として，フリー・キャッシュ・フロー目標が利用される。さらに，社会的価値指標は中期計画と

2　具体的には，eol（株式会社アイ・エヌ情報センター）を利用して，有価証券報告書の「4【コーポレート・ガバナンスの状況等】(4)【役員の報酬等】」を対象に「全文検索」を行なっている。検索ワードは乙政ほか（2023）を参考に「非財務」「ESG」「SDG」「CSR」「CO 2」「Sustainability」「持続可能性」「環境指標」「排出量」「排出」「持続可能」とした。検索期間は2022年 4 月年次決算期から2023年 3 月年次決算期としている。

3　アサヒグループホールディングス株式会社『第99期有価証券報告書（自2022年 1 月 1 日至2022年12月31日）』84-88頁。以下の有価証券報告書からの記述も同様。

94　第Ⅱ部　日本企業の経営者報酬契約に関する実態調査

連動した非財務指標が利用される。また，個人評価係数は各取締役の取締役会への貢献度及び取締役としての実績を総合的に評価し決定される。

　図表5-1には，有価証券報告書に記載されているアサヒの中期賞与の評価に使われる非財務指標である6つの領域の指標が示されている。アサヒでは，これらの指標にそれぞれウェイトをつけて評価される。各領域の具体的な数値目標は不明だが，中長期経営方針に定められるサステナビリティ戦略の重要方針・テーマに応じた領域となっている。

図表5-1◇アサヒグループホールディングス株式会社の中期賞与での非財務指標

領　　域	ウェイト
気候変動	18%
プラスチック	18%
コミュニティ	18%
責任ある飲酒	18%
DE&I	18%
その他	10%
合　　計	100%

（出所）アサヒグループホールディングス株式会社『第99期有価証券報告書（自2022年1月1日　至2022年12月31日）』86頁を参考に筆者作成

　次に，ヤマハの非財務指標の利用を確認する。ヤマハの有価証券報告書[4]によると，ヤマハは社外取締役を除く取締役と執行役に，固定報酬，業績連動報酬，譲渡制限付株式報酬を与えている。そのうち，譲渡制限付株式報酬の業績評価指標の1つとして非財務指標が利用されている。譲渡制限付株式報酬は，評価期間を中期経営計画と連動する3事業年度として，中期経営計画に定めら

4　ヤマハ株式会社『第199期有価証券報告書（自2022年4月1日　至2023年3月31日）』80-82頁。以下の有価証券報告書からの記述も同様。

れた目標の達成度に応じて支給される。具体的に，3事業年度の初年度に3事業年度分の譲渡制限付株式を支給する。その後，3事業年度の目標に基づき一括交付された株式との差分が調整される。なお，ヤマハでは，譲渡制限付株式報酬の業績評価指標として財務指標，非財務指標，企業価値指標がそれぞれ50％：30％：20％の割合で利用されている。

図表5-2は，有価証券報告書に記載されているヤマハの経営者報酬に使われる非財務指標を示している。これらの9つの指標は中期経営計画に方針として定められる「事業基盤をより強くする」「サステナビリティを価値の源泉に」「ともに働く仲間の活力最大化」の3つの軸を基準に設定されていること

図表5-2◇ヤマハ株式会社の譲渡制限付株式報酬に使われる非財務指標

中期経営計画の方針	重点テーマ	数値目標
事業基盤をより強くする	①顧客ともっと繋がる	Yamaha Music ID 登録数：500万 ID
	②新たな価値を創出する	新コンセプト商品投入数：20モデル
	③柔軟さと強靭さを備えもつ	生産インフラへの投資金額：350億円
サステナビリティを価値の源泉に	①地球と社会の未来を支えるバリューチェーンを築く	新興国の器楽教育普及：230万人（累計）
	②快適なくらしへの貢献でブランド・競争力を向上する	持続可能性に配慮した木材使用率：75％
	③音楽文化の普及・発展により市場を拡大する	事業所での省エネによる CO2排出量削減：5％
ともに働く仲間の活力最大化	①働きがいを高める	従業員働きがい調査肯定的回答率：継続的向上
	②人権尊重と DE ＆ I を推進する	管理職女性比率：19％
	③風通しがよく，皆が挑戦する組織風土を醸成する	従業員働きやすさ調査肯定的回答率：継続的向上

（出所）ヤマハ株式会社『第199期有価証券報告書（自2022年4月1日　至2023年3月31日）』17-18頁を参考に筆者作成

96　第Ⅱ部　日本企業の経営者報酬契約に関する実態調査

に特徴がある。

（2）ESG の項目ごとに指標を提示

　乙政ほか（2022）や大和総研の調査でも言及されていたように，ESG 関連指標と言及していても具体的な指標がない，あるいはその一部にしか指標を利用していない企業は多い。一方，ESG のそれぞれの項目で非財務指標を利用している企業が存在する。ここでは，積水ハウス株式会社（以下，積水ハウス）を例としてあげる[5]。

　積水ハウスの有価証券報告書[6]では，業務執行取締役の報酬として，基本報酬（固定報酬），業績連動賞与（短期業績連動），業績連動型株式報酬（中期業績連動），譲渡制限付株式報酬（長期業績連動）が提示されている。非財務指標は業績連動型株式報酬で採用されている。業績連動型株式報酬は 3 事業年度の評価期間において ROE（80％）と ESG 指標（20％）の目標達成度で評価される。評価期間終了後，役位別に設定された基準株式ユニットから 0 ％～150％の範囲で支給ユニット数が決定され，その半分を株式，残りの半分が納税目的金銭として支給される。ここで利用される非財務指標は図表 5 - 3 のとおりである。ESG の各項目別にそれぞれに関連した評価指標が提示されていることがわかる。

（3）指標の選択理由についての言及

　企業はなぜその指標を経営者報酬に利用するのか。株式会社ニッスイ（以下，ニッスイ）は，その理由まで言及している。ニッスイの有価証券報告書[7]によると，取締役（社外取締役を除く）に対する報酬は基本報酬，業績連動報酬，株式報酬で構成されている。非財務指標は主に株式報酬で利用され，財務指標

5　当初は小林製薬株式会社を例としてあげていたが，諸般の都合から省くこととした。
6　積水ハウス株式会社『第72期有価証券報告書（自2022年 2 月 1 日　至2023年 1 月31日）』74-82頁。

第5章　日本企業での非財務指標の利用例　　*97*

図表 5 - 3 ◇積水ハウス株式会社の業績連動型株式報酬に使われる非財務指標

ESG 経営指標	目標値（2025年1月期末）	ウェイト
E（環境） 脱炭素社会への取組み（温暖化防止） ・戸建 ZEH 比率 ・シャーメゾン ZEH 比率	 90% 70%	40%
S（社会） ダイバーシティの推進，働き方改革 ・女性管理職人数 ・男性育児休業取得率 ・月平均総労働時間	 310名 98% 175時間／月	30%
G（ガバナンス） CG コード対応，グループガバナンス体制の強化 ・CG コード対応の充実 ・グループ会社管理規則の明確化によるガバナンス体制の構築及びガバナンス人財の育成強化と適正配置	 第三者レビュー（TOPIX100企業比較）を通じた開示レベルの向上 グループ会社管理規則の運用とガバナンス人財育成及び人財配置の実施	30%

（出所）積水ハウス株式会社『第72期有価証券報告書（自2022年2月1日　至2023年1月31日）』79頁より抜粋

と非財務指標の比率は70：30である[8]。それらの指標を図表5-4に示す。ここでは，各指標の内容だけでなく，その指標の選定理由まで言及されている。また，財務指標は実績に応じた達成率，非財務指標は目標の50%～150%の範囲で評価される。それに役位ごとの基礎ポイントを乗じて，さらに個人別評価として中期経営計画で掲げた KPI や非財務指標などを80%～120%の範囲で評価した結果を反映する。

7　株式会社ニッスイ『第108期有価証券報告書（自2022年4月1日　至2023年3月31日）』73-78頁。

8　業績連動報酬でも非財務指標の利用が言及されているが，個人別の目標での利用と言及されているのみである。

98　　第Ⅱ部　日本企業の経営者報酬契約に関する実態調査

図表 5 - 4 ◇株式会社ニッスイの株式報酬で使われる指標

項　　目		選定理由
財　　務	売上高	成長性向上のため
	連結経常利益	収益性向上のため
	ROIC	資本効率性向上のため
サステナビリティ	水産物の持続可能性目標達成度	持続可能な調達を行うため
	自社グループ拠点のCO_2排出量削減	気候変動への対応と海洋環境の保全に貢献するため
	従業員エンゲージメントのスコア向上	多様な人財が活躍するため
	健康領域商品売上	健康課題を解決するため

（出所）株式会社ニッスイ『第108期有価証券報告書（自2022年 4 月 1 日　至2023年 3 月31日）』76頁より抜粋

　また，株式会社ツムラ（以下，ツムラ）は2022年度に経営者報酬制度を改正した。ツムラの有価証券報告書[9]には，取締役（監査等委員である取締役及び非業務執行取締役を除く）の報酬が固定的な金銭報酬，短期業績と連動する金銭報酬，中期業績と連動する株式報酬，長期ビジョンと連動する株式報酬とある。非財務指標は長期ビジョンと連動する株式報酬で利用されている。長期ビジョンと連動する株式報酬は，基礎ポイント（＝取締役の役割・職務等に基づく報酬基準に応じて定める金額÷基準株価）をまず求め，その中期経営計画期間中の累計に業績連動係数をかけて求める業績連動ポイントで決定される。退任までの業績連動ポイントの合計値でその取締役に交付される株式数が決まる。図表 5 - 5 はそこで利用される評価指標を記載している。ツムラでも選定の理由がそれぞれの指標に対応して説明されている。これらの指標は25％ずつのウェイトで評価に使われる。

9　株式会社ツムラ『第87期有価証券報告書（自2022年 4 月 1 日　至2023年 3 月31日）』67-74頁。

第5章　日本企業での非財務指標の利用例　*99*

図表5-5◇株式会社ツムラの長期ビジョンと連動する株式報酬で使われる指標

評価指標		指標選定の考え方
企業価値	相対 TSR　＊1 （TOPIX 成長率比較）	・長期ビジョンの実現度を測る指標 ・長期ビジョンの実現及び企業価値向上に対する貢献意欲を高めるとともに株主との価値共有を企図
サステナビリティ	・GHG 削減 ・野生生薬栽培化　など	・サステナビリティビジョンの実現度を測る指標 ・自然環境保全や生薬栽培化等，持続可能な事業活動を実現するための取り組み促進及び意識づけを企図
コーポレート・ガバナンス	・経営チームの多様性　など	・サステナビリティビジョンの実現度を測ること及び長期経営ビジョンの実現を促進することができる指標 ・事業構造転換を含む中長期的な企業価値を牽引し得る，適時適切な経営判断ができる海外拠点を含むツムラグループ全体での経営チームの組成を促すことを企図
事業価値	海外事業売上高比率	・長期経営ビジョンの実現度を測ることができる指標 ・海外事業の基盤を構築し，海外市場における成長を通じた企業価値向上に対する貢献意欲を高めることを企図

＊1　TSR は Total Shareholder Returns（株主総利回り）の略。TOPIX 成長率に対する当社 TSR の比率を用います。
（出所）株式会社ツムラ『第87期有価証券報告書（自2022年4月1日　至2023年3月31日）』72頁より抜粋

（4）指標の目標値や実績値を明示

　財務指標と同様に，非財務指標でも基準となる目標値が設定され，それを達成するかどうかで経営者が評価される。これらの目標値と実績値を明示している企業として，上記で示したヤマハのほかに，日本電信電話株式会社（以下，NTT）があげられる。

　NTT の有価証券報告書[10]によると，NTT は取締役（社外取締役を除く）の報酬を月額報酬，賞与，株式取得目的報酬，業績連動型株式報酬としている。非

100　第Ⅱ部　日本企業の経営者報酬契約に関する実態調査

財務指標は賞与で利用され，財務指標の評価ウェイトが85％に対して，非財務指標は15％のウェイトを置いている。これらの指標は中期経営戦略であげた目標から設定されている。NTTではこれらの設定の理由を，「取締役の報酬と当社の企業価値との連動性をより明確にし，中期経営戦略における財務目標達成に向けた意欲を高めるため」[11]としている。やはり，目的と整合的な業績指標の設定は重要となる。図表5-6にはNTTの賞与で利用される指標が示されている。財務指標だけでなく，非財務指標にも目標値と実績値が示され，それぞれの指標の達成状況を容易にみることができる。賞与は指標の対前年改善度または計画達成度をそれぞれの指標ごとにあらかじめ設定される方法で支給率に換算し，各指標のウェイトに基づき加重平均を計算し，これに役位別の賞与基準額をかけることで計算される。

　加えて，旭化成株式会社（以下，旭化成）でも同様に，非財務指標の目標値と実績値が開示されている。旭化成の有価証券報告書[12]によると，業務執行取締役の報酬は基礎報酬（固定額），業績連動報酬，株式報酬で構成されている。非財務指標は主として株式報酬で利用され，その内訳は図表5-7のとおりである[13]。これらの評価指標の達成度に連動したポイントが職位等に応じて付与され，取締役かつグループの役員退任時にポイント数に応じて株式が交付される。

10　日本電信電話株式会社『第38期有価証券報告書（自2022年4月1日　至2023年3月31日）』93-96頁。
11　93頁。
12　旭化成株式会社『第132期有価証券報告書（自2022年4月1日　至2023年3月31日）』92-96頁。
13　業績連動報酬でも非財務指標の利用が言及されているが，個人別の目標の利用と言及されているのみである。

第5章　日本企業での非財務指標の利用例　　*101*

図表 5 − 6 ◇日本電信電話株式会社の賞与で利用される指標

○賞与の業績指標
中期経営戦略で掲げた財務目標等を業績指標として設定し，対前年改善度又は計画達成度で評価しています。

区　分	業績指標	評価ウェイト	評価方法	2021年度実績	2022年度実績
財務指標	EPS（1株当たり当期利益）	35%	対前年改善度	329円	348円

区　分	業績指標	評価ウェイト	評価方法	2022年度目標値	2022年度実績
財務指標	営業利益	35%	計画達成度	18,200億円	18,290億円
	海外営業利益率	10%		7.0%	7.2%
	ROIC（投下資本利益率）	5%		7.6%	7.4%
サステナビリティ指標	温室効果ガス排出量	％		307.5万 t 以下	246.4万 t
	B2B2X 収益額	5%		6,000億円	8,154億円
	女性の新任管理者登用率	5%		30%	29.7%

(注)　1．海外営業利益率の集計範囲は，中期経営戦略策定時に NTT 株式会社に帰属していた子会社（NTT データ海外事業，NTT Ltd., NTT コミュニケーションズ海外事業等）です。また，買収に伴う無形資産の償却費等，一時的なコストを除いて算定しています。
　　　2．温室効果ガス排出量の数値は速報値です。また，対象は GHG プロトコル：Scope1 + 2 です。
　　　3．B 2 B 2 X 収益額の集計範囲は，総合 ICT 事業セグメント，地域通信事業セグメント，グローバル・ソリューション事業セグメントです。
　　　4．女性の新任管理者登用率の集計範囲は，国内主要 6 社（当社，NTT ドコモ，NTT コミュニケーションズ，NTT 東日本，NTT 西日本，NTT データ）です。

(出所)　日本電信電話株式会社『第38期有価証券報告書（自2022年 4 月 1 日　至2023年 3 月31日）』94頁より作成。

102　第Ⅱ部　日本企業の経営者報酬契約に関する実態調査

図表5−7◇旭化成株式会社の株式報酬で利用される非財務指標

指　　標	指標の算定方法	2022年度目標値・基準値	2022年度実績値
働きがい	メンタルヘルス不調による休業者率	0.80%	1.07%
DX	デジタルプロフェッショナル人財総人数	1,000名	1,206名
ダイバーシティ	ラインポスト及び高度専門職における女性の占める割合	3.9%	3.8%

（出所）旭化成株式会社『第132期有価証券報告書（自2022年4月1日　至2023年3月31日）』96頁より抜粋

3 　本章のまとめ

　本章では，経営者報酬契約に利用される非財務指標について，日本企業による具体的な開示をみた。その結果，以下のことが観察された。まず，中期経営計画と広範に関係づけることや，ESGのすべての項目を利用した業績評価がみられた。これは，ただ1つの指標だけでなく，多数の指標を組み合わせることで，経営者により広い領域への取組みへの動機を与えることにつながるだろうと解釈される。

　さらに，利用している非財務指標の内容だけでなく，その指標の選定理由，目標値，実績値にまで言及している企業が存在した。理由や目標を明確に開示することは，経営者に採用した指標に関連する取組みに対して，明確な動機づけを与えていることがみえてくる。非財務指標の目標設定は，第3章で紹介したように，具体的な研究がまだそれほど進んでいない。そのため，これらの観察された結果は，経営者報酬実務というより，将来の管理会計研究を広げる可能性がある。

　また，実績値との比較は，実際にそのような活動が行なわれているという情

報となりうる。つまり，「ESG の活動に取り組んでいる」という曖昧な記述だけでは，実際にそのような活動に取り組んでいるのか疑わしく思われる可能性がある。したがって，経営者報酬での明確な記述は取組みを実施しているというシグナルの1つとみなせるかもしれない。非財務指標はその指標が主観的なケースもあり，運用が難しい。そういった指標を運用するうえでの動機づけをどうするかを考えると，たとえば，第2章で解説したように被評価者の心理的要因や長期的なインセンティブづけを利用することが考えられる。シグナルという観点で考えると，長期的な経営者の取組みとしてステークホルダーや競争相手にアピールすることになる。そのため，将来の価値を生み出す源泉の1つとして，非財務指標を利用することも，有用になる可能性がある。ただし，その指標をどう評価し，どう重みづけるかはその企業がどれだけ長期的視点をもてるかに対応して考える必要があるだろう。

これらの企業の開示は他社の報酬制度の設定の参考となるだろう。また，具体的な内容の開示がない企業でも，今後このような企業と同様の開示を行なう可能性がある。非財務指標の利用について，企業の開示には今後も注目する必要があるだろう。

本章は，業界による傾向の違いや，企業規模による指標の採用傾向などを議論しておらず，具体的な企業の例示に終始している。この点は本章の限界と捉えられるので，将来的には先行研究を参考に，具体的な視点を整理したうえで非財務指標と経営者報酬の関係を議論することが望ましいと考える。しかし，いくつかの具体例を提示することで，その視点の整理の足掛かりを作ったことが，本章の貢献として考えられる。

（井上　謙仁・夏吉　裕貴）

第6章

経営者報酬の没収
―日本企業でのクローバック条項の事例―

1 はじめに

　経営者報酬契約で近年注目されている契約内容の1つにクローバック条項（clawback provision）がある。クローバック条項とは，重大な法令・社内規程違反や財務情報の訂正，巨額の損失，自社の評価・企業価値を著しく毀損させる行為等に対して，対象者の権利が確定したあとの業績連動報酬の全部または一部の返還を求める規定である（大塚 2016；小沢・飯田 2024；Velte 2020）。

　日本でも業績連動報酬が増加傾向にある現在，経営者は報酬最大化のために過度なリスク・テイクや不正行為に至るインセンティブをもつ可能性がある。日本企業は，そのような不祥事が発生した際に，対象者の報酬を自主的に返上することを求めるといった対処を行なってきた。たとえば，2021年に発覚した三菱電機の品質不正問題では，同企業は前会長と前社長に基本報酬の50％相当額を自主返納するよう求めた。しかし，従来のこのような手続きはクローバック条項とは異なり，法的な拘束力をもたず，強制力は存在しなかった。そのため，業績連動報酬の増加，ステークホルダーの多様化やガバナンス重視の潮流の中，報酬決定手続きの透明化や経営責任の明確化のためにクローバック条項

の導入が求められる状況になっている。

　実際，三菱電機は先述の問題を受けて，2022年5月にクローバック条項を導入することを決定した。また，2023年12月にはENEOSホールディングス（以下，ENEOS）が役員のコンプライアンス違反を受けてクローバック条項を適用し，注目を集めた。

　クローバック条項は主にアメリカ企業を中心に近年導入が進んでいる。アメリカでは，2023年10月に米国証券取引委員会（SEC）が上場企業に対してクローバック条項の導入を強制化した。現状，日本でクローバック条項の導入は強制されていないが，近年自主的に導入する企業が増加傾向にある（図表6-1）。

図表6-1◇日本におけるクローバック条項導入企業数の推移

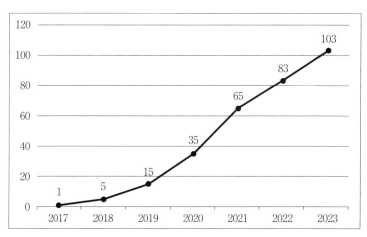

（注）有価証券報告書において，クローバック条項導入の旨を開示している企業を筆者らが調査し，集計したものである。対象企業は，eolの全文検索にて，「クローバック」という検索ワードを含んでいる企業である。ただし，2023年は，10月時点までで開示されている企業のみを対象としている。
（出所）筆者ら作成

　先述したように，日本でのクローバック条項は自主的な導入が中心で，企業間で明確なルールや制度が共有されていない。そのため，クローバック条項の

内容だけでなく，その導入目的や実際にクローバック条項を適用する際の内容などの決定に，企業のもつ裁量が大きい。ゆえに，各企業で決めるべき検討事項が多く，手探りでの対応に追われていると考えられる。しかも，図表6-1で示したように近年急速にクローバック条項が導入されているものの，その多様な現状を整理した文献はほとんど存在しない。そこで，本章ではクローバック条項について論点を5つに類別し（図表6-2），先行研究と実務事例を踏まえつつ，その複雑な現状についての整理を試みる。

まずはじめの論点となるのが，クローバック条項導入の動機である。第2節では，導入企業がどのような動機で条項を導入したかを確認し，それを裏づける研究成果を紹介する。次に，企業はさまざまな動機からクローバック条項の導入に至るが，ここで論点となるのが，導入条項の内容である。第3節では，日本企業が導入したクローバック条項の内容の実態を調査するとともに，有価証券報告書などで確認できる各企業の開示例を紹介する。クローバック条項は不正行為の抑止など，いくつかの機能を期待して導入されるが，実際にクローバック条項は企業にどのような影響を与えるのだろうか。第4節ではクローバック条項導入の影響を検討した研究を紹介する。そして，第5節では，クローバック条項を適用する際の内容とその後の影響に関する論点を扱う。クローバック条項の数少ない適用事例と，関連する研究を紹介し，クローバック条項適用後の影響について考察を行なう。第6節では，本章の総括を行なう。

図表6-2◇本章の論点

プロセス	導入前	⇒	自主導入	⇒	適用	⇒
論点	／	動機	内容	影響	内容	影響
対応節	／	第2節	第3節	第4節	第5節	第5節

（出所）筆者ら作成

2 クローバック条項の導入理由・目的

（1）クローバック条項の導入理由・目的

　クローバック条項の導入理由を調査した日本経済新聞の記事[1]によると，クローバック条項の導入企業や導入に前向きな企業44社のうち，「経営責任を明確にするため」（63.6％）が最も多く，次いで「投資家への説明責任のため」が25.0％だった。日本企業では従来，不正・不祥事の際，その責任の明確化として，経営者報酬の自主返上や減額が行なわれる場合が多かった（森・濱田松本法律事務所 2019；乙政 2021）。たとえば2021年，三菱電機では品質不正発覚を受け，元役員らの経営責任が問われた。その際，同社は，元役員らに対して報酬の自主返上を求める対応を行なった。このような対応を行なった理由として，当時は，すでに支払った報酬を強制的に取り戻す報酬規程を設けていなかったことがあげられている[2]。そのため，報酬返還に係る事前の取決めであるクローバック条項は，経営者の責任を果たすうえで重要な役割を担う。事前の取決めがあることで，処分の透明性が高まり，結果として利害関係者からの納得も得やすくなることが期待される。

　一部の企業では，有価証券報告書内でクローバック条項の導入の目的を記している。たとえば，積水ハウスでは，業務執行取締役の過度なリスク・テイクを抑制し，経営の健全性を確保することを目的に導入していると述べている（積水ハウス株式会社2023年1月期有価証券報告書81頁）。また，オリンパスでは，経営者（執行役）の無謀な投資や不正会計処理の抑止力とすることを目的に，

1　日本経済新聞「役員報酬返還，日本企業もじわり　巨額損失や不正時 『クローバック条項』経営責任明確に」（2019年11月21日公開）。URL: https://www.nikkei.com/article/DGXMZO52420230Q9A121C1TJ2000 （最終アクセス：2024年3月6日）
2　日経ビジネス「不祥事で役員報酬返還　ENEOSや三菱電機が新ルール」（2024年1月17日公開）。URL: https://business.nikkei.com/atcl/gen/19/00304/011700164/ （最終アクセス：2024年3月6日）

クローバック条項を設定した旨を述べている（オリンパス株式会社2023年3月期有価証券報告書100頁）。日本電気では，法律や規則のみならず，広くコンプライアンス違反を防止することを目的としている（日本電気株式会社2023年3月期有価証券報告書97頁）。このような調査や事例から，企業は，経営者の経営責任を明確化するとともに，不正防止や過度な投資行動を抑制することを目的にクローバック条項を導入していることがうかがえる。

（2）クローバック条項導入の決定要因

　先行研究でも，クローバック条項導入に係る上記の目的を裏づける実証結果が明らかにされている。たとえば，Brown et al. (2015) は，クローバック条項導入が義務づけられる以前のアメリカ企業データを対象に統計的な分析を行ない，過去にのれんの減損を行なった企業は，クローバック条項をより導入する可能性が高いことを明らかにしている。一般に，のれんが減損されると，当該のれんが計上される原因となった企業の合併・買収（M&A）が失敗したとみなされることが多い。減損損失の計上は，期間損益にも当然影響を及ぼす。そのため，株主にとって，損失を補填するための経営者による過度なリスク・テイクへの懸念は高まるだろうし，巨額な損失であれば，経営責任を果たすことを一層求めるだろう。結果として，クローバック条項が求められ，導入に至ったと考えられる。このような実証結果は，経営者による過度な投資行動を抑止し，経営の健全化を確保するというクローバック条項の導入目的を裏づけているといえる。

　また，Chen and Vann (2017) は，取締役会の独立性，企業規模，CEO の兼任状況や在任期間を指標としたガバナンス構造の強さがクローバック条項導入に与える影響を検証した。その結果，ガバナンス構造が強い企業ほどクローバック条項の導入の可能性が高まることを明らかにした。ガバナンスが強力な企業ほど株主の利益に資するよう努めるため，結果としてクローバック条項が積極的に導入されると考えられるからである。このような研究結果からも，ク

110　第Ⅱ部　日本企業の経営者報酬契約に関する実態調査

ローバック条項導入による企業のガバナンス強化や経営の健全化を図るという株主からの要請がうかがえる。

3 　クローバック条項の内容

（1）クローバック条項の内容に関する実態や開示例

　経営者報酬契約にクローバック条項を導入する際，その内容をどう設計するのかは重要な問題である。その内容で中心となる要素は，どのような条件で報酬の減額や返還が行なわれるのか，という「トリガー事由」である。また，クローバック条項の対象者，対象報酬やその期間，適用の決定プロセスなども企業ごとに異なるため，制度設計上，重要な要素である。そこで本節では，それらの論点を中心に，クローバック条項を導入している国内企業の実態を調査するとともに，具体的な開示例も紹介する。

　本研究では，2022年11月～2023年10月までの１年間に開示された有価証券報告書から，クローバック条項を導入している国内企業110社を対象に実態や傾向を調査した。対象企業として，eol のデータベースの全文検索にて「クローバック」という単語を含んでいる企業を抽出した。日本取引所グループが定める業種別分類（大分類）に基づく業種を確認したところ，110社のうち，「製造業」が53社で最も多く，次いで「金融保険業」が16社だった（図表6-3）。製造業の内訳をみると「電気機器」が16社で最も多く，次いで「化学」９社，「医薬品」６社，「食料品」５社だった。なお，「クローバック」とは異なるよび方で，経営者に報酬を返還させる制度を設けている企業が存在する可能性もある。本章では，調査の都合からその可能性を完全に排除しきれていない点には注意を要する。

図表 6-3 ◇クローバック条項導入企業の業種別内訳

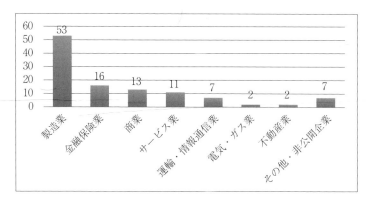

（注）eol のデータベースにて，2022年11月～2023年10月までの1年間に開示された有価証券報告書を対象に，「クローバック」という検索ワードを含んでいる企業を調査対象とした。
（出所）筆者ら作成

① トリガー事由

　筆者らの調査をもとに，企業が設定しているトリガー事由を3類型に大別した結果が図表6-4である[3]。タイプⅠは，過年度決算の訂正（過去の財務諸表上の数値の誤り）である。財務諸表に誤りが判明した場合，業績連動報酬などの計算にあたって基礎となる数値がそもそも誤っていたため，その金額分を返還すべきであるという考え方が根本的な趣旨である[4]。タイプⅡは，役員などによる不正行為，委任契約違反，コンプライアンス違反などである。タイプⅢは，投資・経営判断に起因する業績悪化や巨額損失であり，過度なリスク・テイクを防止するのが趣旨だと考えられる。なお，調査対象企業のうち，約50%が複数のタイプのトリガー事由を設けており，タイプⅠとⅡの組み合わせが最

---

[3] 厳密には，タイプⅠ～Ⅲで互いに影響し合う部分も存在している。たとえば，会計不正が発覚すること（タイプⅡ）で，後日財務諸表の誤りを訂正すること（タイプⅠ）にもつながるだろうし，会計不正を要因とした巨額損失等も考えられる。あくまで，大別として捉えてほしい。
[4] アメリカにおいて，2023年10月にSECが施行したクローバック条項の新規則は，まさにこのタイプⅠを義務化した規制である。

も多かった。

　なお，法学的視点からクローバック条項のタイプを分類した髙橋（2020）は，クローバック条項を（1）「不当な利得の返還」としてのクローバック条項，（2）「制裁」としてのクローバック条項という2つの類型にわけている。本研究のトリガー事由の分類に当てはめて考えると，タイプⅠは，財務諸表上の数値の誤りに基づくものであるため，「不当な利得の返還」として位置づけられると考えられる。他方，不正行為型（タイプⅡ）や業績悪化や巨額損失（タイプⅢ）のトリガー事由は，「制裁」としての意味合いが強いと考えられる。ただし，タイプⅡをどちらに含めるかは議論が必要な点には注意を要するだろう。つまり，経営者は（財務諸表上以外での）不正行為により不当な利益を得る可能性がある。

図表6-4◇トリガー事由の分類

タイプⅠ　過年度決算の訂正（過去の財務諸表上の数値の誤り） タイプⅡ　不正行為，委任契約違反，コンプライアンス違反など タイプⅢ　業績悪化や巨額損失

（注）タイプⅡでは，不正行為等に起因する「損害の発生」を要件として設けている場合もある
（出所）筆者ら作成

　各タイプの採用企業数を集計したところ，トリガー事由が不明な企業9社を除いた101社のうち，不正行為，委任契約違反，コンプライアンス違反など（タイプⅡ）が98社（97.0％）で最も多かった。このタイプの事象をトリガー事由として設定している代表的な企業としては，たとえば資生堂，LIXIL，日産自動車，クボタなどがあげられる。次いで過年度決算の訂正（タイプⅠ）が多く，40社（39.6％）あった（代表的な企業として，たとえば富士通，丸紅，日本板硝子など）。業績悪化や巨額損失（タイプⅢ）が最も少なく，14社（13.9％）確認された（代表的な企業として，たとえば第一三共，セイコーエプソン，飯野海運など）。

　具体的な開示例として，下記では，アメリカを代表するIT企業の1つであるAmazon.comのクローバック条項[5]を一部抜粋し，翻訳した。第1段落では，

財務諸表の修正再表示に対するトリガー事由を，第2段落では，当該財務諸表の修正再表示に関して，役員による不正行為などが要因と判断された場合をトリガー事由としていることが確認できる。

> Amazon.com, Inc.（以下，「当社」）の方針は，財務報告要件に対する当社の重大な違反により，<u>当社が財務諸表を修正再表示する必要が生じた場合</u>（当該誤りを当期に修正した場合または当期に修正せずに放置し，重大な虚偽記載となる誤りを修正する場合を含む），当該修正再表示の作成が要求された日の直前に完了した3事業年度において，<u>役員が受領したインセンティブ報酬の額を合理的な範囲で速やかに回収する。</u>
> 　報酬委員会や取締役会によって任命された委員会（「以下，委員会」）は，<u>会社の財務諸表を修正再表示する要因となった不正行為または意図的な不正行為に関与したと判断した場合</u>，以下を要求することができる。本ポリシーの第1段落に従って回収されない範囲で，当該役員がそのような行為が発生した期間中または修正されないままであった期間後12ヶ月以内に決済または付与された権利確定または権利未確定の株式報酬の全部または一部，ならびにそのような期間中に支払われたまたは現金賞与の全部または一部の返還・没収を要求することができる（ChatGPT 3.5による翻訳後，筆者ら修正。下線は筆者）。

このように，大別するとⅠ〜Ⅲのタイプが多いが，そのほかに独自のトリガー事由を設定している企業もある。たとえば，三菱HCキャピタルは，「当社の許可なく同業他社に就職した場合」をトリガー事由として設けている（三菱HCキャピタル株式会社2023年3月期有価証券報告書87頁）。また，大阪ガスは，「破産手続き開始申立てがあった場合等」を設定している（大阪瓦斯株式会社2023年3月期有価証券報告書53頁）。

②　クローバック条項適用の決定プロセス

クローバック条項適用の決定プロセスを明確に記載していない企業もあった

5　Amazon.com, "Clawback Policy". URL: https://ir.aboutamazon.com/corporate-governance/documents-and-charters/clawback-policy/default.aspx （最終アクセス：2024年3月6日）

が，社外取締役を中心に構成される報酬委員会などの審議を経たうえで，取締役会で決定するケースが最も多かった。たとえば，第一三共では任意設置された機関である「報酬委員会への諮問を経て，取締役会の決議により」適用実施することを述べている（第一三共株式会社2023年3月期有価証券報告書85頁）。スルガ銀行も同様に，「指名・報酬委員会での審議・答申結果を踏まえて取締役会で決議する」旨を述べている（スルガ銀行株式会社2023年3月期有価証券報告書57頁）。

　他方で，報酬委員会がクローバック条項の適用を決定する企業も存在している。これらの企業は，指名委員会等設置会社であることが多く，たとえば電通グループでは，「当社は，執行役が故意，過失若しくは不適切行為等により当社に重大な損害を生じさせた場合（中略）報酬委員会の決議により，（中略）支給済みの金銭若しくは株式の全部若しくは一部の返還（クローバック）を請求することができる」と述べている（株式会社電通グループ2023年12月期有価証券報告書66頁）。りそなホールディングスでも同様に，「報酬委員会が認めた場合に（中略）対象財産の給付を受ける権利の全部又は一部を有しない」規定を設けている（株式会社りそなホールディングス2023年3月期有価証券報告書122頁）。オリンパスでも「個別事象に対するクローバックの適用の最終決定は報酬委員会が行い，取締役会に報告」する規定を設けている（オリンパス株式会社2023年3月期有価証券報告書100頁）。

③　対象報酬

　図表6-5はクローバック条項の対象とされている報酬の内訳である。対象報酬が不明な企業7社を除いた103社のうち，株式報酬のみを対象にしている企業が64社（62％）で最も多かった（代表的な企業として，たとえば積水ハウス，ユニ・チャーム，三菱UFJ銀行など）。現金報酬のみを対象にしている企業は1社（1％）で三菱商事のみだった。株式報酬と現金報酬の両方を対象にしている企業は38社（37.0％）だった（代表的な企業として，たとえばカゴメ，村田製作所，LINEヤフーなど）。よって，全体のうち99％の企業は，対象に株式報酬を

含んでいる。なお，株式報酬の種類もさまざまだが，譲渡制限付株式を対象に
している企業が29社で最も多かった。

図表6-5◇クローバック条項の対象とされている報酬の内訳

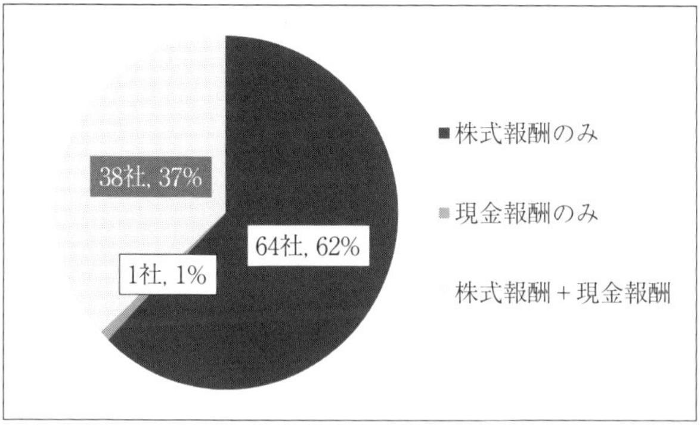

38社, 37%

1社, 1%

64社, 62%

■株式報酬のみ

■現金報酬のみ

株式報酬＋現金報酬

（出所）筆者ら作成

　たとえば，アサヒグループホールディングスでは，下記で示すとおり，期間
３年の中期賞与（現金報酬）と株式報酬がクローバック条項の対象となってい
る。中期賞与は，役位・業績評価・総合的な評価である個人評価の３つで決定
され，役員による不祥事等が発生した際に取締役会の判断に基づいて対象役員
の報酬支給額の一部または全部を減額・返還することを規定している。株式報
酬の場合，役位別基準額／株式取得時単価で算定する付与ポイントを失効させ
る決定により減額・返還を行なう旨を明記している。なお，現金報酬として，
固定報酬も支給されているが，これはクローバック条項の対象報酬とはなって
いない（アサヒグループホールディングス株式会社2022年12月期有価証券報告書83
頁）。

116　第Ⅱ部　日本企業の経営者報酬契約に関する実態調査

＜アサヒグループホールディングス株式会社2022年12月期有価証券報告書84頁より抜粋＞

変動報酬一覧

種類	目的	期間	支給方法	支給時期	業績評価	個人評価	マルス・クローバック条項	フォーミュラ（個人別支給額）
年次賞与	・持続的かつ確実な成長，財務的価値向上と計画達成への強い動機付け	単年度	現金	毎年3月	あり	あり	－	役位別基準額×業績評価係数×個人評価係数
中期賞与	・非連続な成長，中期業績達成への強い動機付け	3年	現金	毎年3月	あり	あり	あり	役位別基準額×業績評価係数×個人評価係数
株式報酬	・長期にわたる継続した企業価値向上に対する動機付け・株主の皆様との利益・リスクの共有	3年	株式	退任時	－	－	あり	役位別基準額（付与ポイント＝役位別基準額÷株式取得時単価）

※マルス・クローバック条項：支給対象である役員に企業価値向上に反する行為（次のいずれかに該当）があった場合は，支給額或いは確定した交付ポイントの一部又は全部を減額或いは返還
（1）不祥事等により取締役会が支給額・付与ポイントを失効させることが適当と判断した者
（2）会社法に定める取締役の欠格事由に該当することとなったことにより取締役会が支給額・付与ポイントを失効させることが適当と判断した者
（3）その他上記（1）又は（2）に準ずると取締役会が判断した者

---

④　クローバック条項の適用対象者

　業務執行を担っている取締役または執行役を対象にしている企業がほとんどだった。そのため，監督業務を中心とする社外取締役はほとんど対象に含まれていない。取締役を対象にしている企業として，たとえば三井物産，積水ハウス，リコーなど，執行役を対象にしている企業として，オリンパスや日産自動車，ヤマハなどの指名委員会等設置会社が該当する。

　少数事例ではあるが，社外取締役に対してクローバック条項を設けている企業もある。たとえば，日本ペイントホールディングスでは，社外取締役に支給

している譲渡制限付株式報酬について，経営の中長期的な健全性の観点から，2021年度より譲渡制限解除に関するクローバック条項を設定している（日本ペイントホールディングス株式会社2023年12月期有価証券報告書69-71頁）。

　そのほか，国内企業では確認されなかったが，アメリカの大手金融機関であるモルガン・スタンレーでは，役員のみならず，従業員もクローバック条項の適用対象に含めていることが示されている（Morgan Stanley 2022年12月期 Form 10-K, p.56）。

⑤　マルス条項との併用

　クローバック条項が報酬の支給後に返還するのに対して，マルス条項は，支給が予定されている報酬を支給前に減額ないし消滅させる。クローバック条項導入企業のうち，80社（72.7％）がマルス条項も併用していることが明らかになった。たとえば，アステラス製薬では，クローバック条項だけでなく，「取締役に対しインセンティブ報酬（賞与及び株式報酬）の減額又は不支給の措置を取ることができるマルス条項を役員の報酬等に関する規程に定めて」おり，マルス・クローバック条項という表現を使っている（アステラス製薬株式会社2023年3月期有価証券報告書91頁）。また，セブン＆アイ・ホールディングスでは，「対象取締役等に重大な不正・違反行為等が発生した場合，当該対象取締役等に対し，本制度における株式の交付等を行なわないこととし（マルス），または交付した株式等相当の金銭の返還請求（クローバック）ができるものとします。」と明記している（株式会社セブン＆アイ・ホールディングス2023年2月期有価証券報告書81頁）。

⑥　対象期間

　返還対象となる報酬の範囲をどうするか，すなわち，どの時点を起算点とし，何年前まで遡るのかという問題がある。しかし，この論点に関する方針を具体的に明記している企業は少なかった。具体的に明示している企業として，たとえば，武田薬品工業では，決算内容の重大な修正再表示または重大な不正行為

が発生した場合をトリガー事由として規定しているが，返還対象となりうる報酬は，対象者が「決算内容の重大な修正再表示または重大な不正行為が発生した事業年度およびその前の３事業年度において受け取ったインセンティブ報酬の全部または一部」と定めている（武田薬品工業株式会社2023年３月期有価証券報告書129頁）。そのほか，日本ハムでは，「返還対象となる株式報酬は，非違行為が発生した事業年度」と述べており（日本ハム株式会社2023年３月期有価証券報告書78頁），武田薬品工業と比較すると，返還の対象期間が限定されている。

（2）小　　括

　本節では，クローバック条項の内容に関する実態・傾向を調査し，具体的な開示例も示した。クローバック条項を導入している国内企業110社を対象に調査した結果，トリガー事由は，不正行為，委任契約違反，コンプライアンス違反などの不正行為型のタイプの事象が最も多いことが明らかになった。

　また，クローバック条項適用の決定プロセスは，大きくわけると，報酬委員会などの審議を経たうえで，取締役会で決定されるケースと報酬委員会が決定するケースがあることがわかった。対象としている報酬は，株式報酬を対象に含んでいる場合が最も多く，全体の99％にも及ぶことが確認された。

　さらに，80社（72.7％）がマルス条項との併用規定を置いていることも明らかになった。対象期間については，方針を具体的に明記している企業がそもそも少なかった。しかし実務上，どの時点を起算点とし，何年前まで遡って適用するかなどは，報酬返還の有無や返還額にも影響を与える重要な論点である。対象期間の長さや起算点，計算方法なども含め，今後，さらなる議論の蓄積が必要とされる。

4 クローバック条項導入の影響

前節までは，クローバック条項の内容面を中心に，実態や開示例を確認してきた。では，クローバック条項を導入した企業にはどのような影響が生じるのだろうか。本節では，クローバック条項の自主的導入が与える影響について，実証的研究で明らかにされている結果を概観する。とくにクローバック条項導入の趣旨に鑑み，財務諸表の修正再表示や経営者の投資行動に与える影響を中心に結果を示す。

（1）財務諸表の修正再表示等に与える影響

先行研究によると，経営者報酬契約にクローバック条項を自主的に導入すると，財務諸表の修正再表示や虚偽表示が減少することが実証的に明らかにされている（Chan et al. 2012; DeHaan et al. 2013）。たとえば，Chan et al.（2012）は，2000年から2009年の間のアメリカ企業データにより，統計的な分析を行なった。その結果，クローバック条項の導入は，財務諸表の修正再表示の発生率を減少させることが明らかになった。経営者は高い報酬を得るために利益操作するインセンティブをもつが，当該結果は，それを抑制する効果があることを示唆している。また，クローバック条項導入によって企業の利益反応係数（Earnings Response Coefficient，以下，ERC）も高まることが明らかになった。ERC は，会計利益1単位に対して株価がどの程度変化するのかを示す指標で（音川 1999），投資家の財務諸表に対する信頼の高さを表わす指標として解釈されている（Chan et al. 2012）。ERC が高まったことから，投資家はクローバック条項導入企業の財務諸表をより信頼できると考えていることが示唆される。

またこれまでにも述べたとおり，クローバック条項の内容は企業ごとに異なっている。そのため，クローバック条項の強さにも違いが生じる。ここでいう「強さ」は，たとえば，トリガー事由数の多さや対象期間の長さなどを参考

に測定した変数である。Erken et al.（2018）は，言語分析などによりクロー
バック条項の強度指標を作成し，その影響を分析した。その結果，クローバッ
ク条項が強いほど財務諸表の修正再表示が減少傾向にあることが明らかになっ
た。

　財務諸表の修正再表示への影響に関して，ネガティブな側面を示している研
究も存在している。たとえば，Pyzoha（2015）は，クローバック条項導入に
よって修正再表示が減少するプロセスや理由に焦点を当てた実験を行ない，そ
の減少理由として，不正や誤謬を抑止する「事前効果」だけでなく，経営陣が
修正再表示に同意しないことによる「事後効果」の存在をあげている。通常，
監査人から修正再表示の提案があった際，業績連動報酬の比率が高いほど，ク
ローバック条項によって自身の報酬が減るため，経営者はできるだけその提案
に同意しないことが予想される。実験の結果，業績連動報酬の比率が高い条件
下では，監査人の質[6]が高い場合に比べて，低い場合に経営者は修正再表示に
同意しなくなる傾向にあることが示された。このような事後効果は，クロー
バック条項導入による意図せざる結果である。この結果から，クローバック条
項の有効性を確保するためには，質の高い監査人が重要な存在であることが示
唆される。

（2）経営者の投資行動に与える影響

　先行研究では，クローバック条項の導入が経営者のリスク・テイクを減少さ
せることがわかっている（Chen and Vann 2017; Liu et al. 2018, 2020）。たとえば，
Liu et al.（2020）は，2005年から2014年のアメリカ企業データをもとに，ク
ローバック条項採用企業と非採用企業をわけて統計的分析を行なった。その結
果，経営者の報酬契約にクローバック条項を導入することで，過剰な研究開発
投資や設備投資が抑制されることが明らかになった。また，企業規模が小さい

6　ここでいう監査人の質とは，監査対応する業界の専門性の高さや監査経験の程度をさす。

ほどその抑制効果は大きいことも明らかになった。本結果から，クローバック条項が過度なリスク・テイクに対するブレーキの役割を果たしていることが示される。ただし，取締役会のガバナンス構造が弱い企業（たとえば，社外取締役の割合が低い，監査委員会の規模が小さい）は，その抑制効果が小さくなることが明らかにされている（Liu et al. 2018）。このように，企業環境によってその効果は異なるため，クローバック条項導入に際して，一定の留意は必要である。

　また，企業の財務状況が慢性的な赤字状態に陥っている際のクローバック条項にも注意が必要である。限定的な場面であるが，Hirsch et al.（2017）の実験研究は，黒字にならないプロジェクトへの投資判断[7]に際して，経営者がよりリスクをとる可能性を示している。なぜなら，報酬の返還という損失を確実に回避するために，かえってリスクのある投資を選ぶ傾向が高まると考えられるからである。このように企業や事業の財務状況が損失局面の際は，さらなるリスク・テイクにつながる危険性もある。

（3）小　　括

　先行研究によると，財務諸表の修正再表示の減少や過度な投資行動の抑止効果など，おおむねクローバック条項導入の目的に沿うプラスの効果が確認されている。しかし，企業環境などクローバック条項以外の要因によっては，効果

7　実験デザインは，2×2の被験者間計画で，企業の財務状況（混合ポジション／損失ポジション）と報酬契約（ボーナス／クローバック）が操作された。実験参加者は経営者の役割を担い，一定のシナリオのもと，リスクの高い投資と低い投資のいずれかを選択する。ここで，黒字にならないプロジェクトとは，企業の財務状況が損失ポジション条件のときをさす。具体的には，「混合ポジション条件」では，リスクの高い投資における将来キャッシュフローの予測範囲が-$125,000（失敗した場合）～$325,000（成功した成果）でリスクの低い投資が＄0（失敗）～$250,000（成功）である。他方，「損失ポジション」では，その範囲がリスクの高い投資で-$450,000（失敗）～＄0（成功），低い投資で-$325,000（失敗）～-$75,000（成功）である。つまり，「損失ポジション」においては，範囲はすべてマイナスからゼロまでとなる。

が限定的になる場面やネガティブな影響が生じる可能性も一部で確認されている。したがって，クローバック条項を単体で捉えるのではなく，報酬契約やガバナンス全体の観点から一体的に捉え，制度設計することが求められるだろう。

5 クローバック条項適用時の内容とその影響

　前節では，クローバック条項を導入することで生じる影響を整理した。本節ではクローバック条項の適用及び適用後の影響を検討する。まず，適用内容について国内唯一の事例である ENEOS の事例に触れたうえで，関連する先行研究を整理する。さらに，先行研究を踏まえて，適用後の影響を考察する。

（1）クローバック条項適用時の内容

　ここまで述べてきたように，クローバック条項を導入する国内企業は増加傾向にある。しかし，クローバック条項を実際に適用したケースはほとんど存在しない。その中で，2024年4月現在で日本唯一となる ENEOS の事例がある。同社は2023年12月に，コンプライアンス違反を起こした当時の役員に対して辞任や報酬減額などの処分を行なった。その中でも当時の代表取締役社長に対してはクローバック条項を適用し，月額報酬賞与株式報酬の一部に対して返還を決定した。

　ここで，論点となるのが，返還された金額の大きさである。Maske et al.（2021）はコンプライアンス違反を起こした従業員に対して報酬の減額を行なう際，従業員の業績が高い場合に減額の程度を甘く（寛大化）しやすいことを示した。心理学の文献では，制裁への恐怖が高ければ高いほど違反行為を抑止することが明らかにされている（Title 1980）。このことは，報酬減額の寛大化という評価の歪みによってクローバック条項が罰として機能しない可能性を示しており，非常に重要な問題である。

しかし，このような評価の歪みへの対応は可能である。たとえば，第三者による評価のチェックは評価の歪みを緩和することが明らかになっている（Demeré et al. 2019）。クローバック条項を適用する際には，取締役会だけでなく報酬委員会などの第三者をとおした慎重な運用が求められるだろう。

（2）クローバック条項適用後の影響

クローバック条項適用後の論点の1つとして，適用したクローバック条項の内容の開示があげられる。上述した ENEOS の例では，当時の代表取締役社長に対してクローバック条項を適用したことが明らかにされた。ENEOS が公開した文書によると，「同氏に対しては，本年4月に導入したクローバック・マルス条項を適用し，月額報酬・賞与・株式報酬の一部返還・没収を実施することといたしました。また，本件の対応に要した弁護士費用を含む一切の費用については，会社に生じた損害として別途求償いたします。」[8] と説明しており，詳細な金額は発表されていない。

アメリカでは，2023年10月に SEC が財務諸表の修正再表示に係るクローバック条項について，導入だけでなく適用状況も開示することを強制化した。しかし，日本では，そのような制度は整っておらず，クローバック条項を適用したとしても開示しない選択が可能である。

Cha et al.（2023）はクローバック条項の適用状況を開示することによって投資家の反応がどう変わるかを実験室実験で検討した。その結果，取締役会がクローバック条項の適用状況を開示しない場合，投資家はガバナンスの程度が弱いと判断し，投資意欲が低下することが示された。クローバック条項を適用し，開示することは会社の経営状態の悪化を利害関係者に知らせることになるため，クローバック条項を適用しているにもかかわらず開示をためらう企業も

---

8 ENEOS ホールディングス株式会社．2023.「社長等の処分および異動について」URL: https://www.hd.eneos.co.jp/newsrelease/upload_pdf/20231219_01_01.pdf.（最終アクセス：2024年3月6日）

存在しているかもしれない。

（3）小　　括

　現在の日本では，クローバック条項適用時のトリガー事由の認識，対象者の判断，報酬返還額の設定，開示内容などはルール化されていない。そのために，それらの決定は取締役会や報酬委員会などの主観的な判断に大きく依拠する。主観的な判断や評価には偏りが生じやすく（第2章参照），そうした偏りは制度の揺らぎや形骸化につながるおそれがある。このことはクローバック条項に期待されている不正行為の抑止といった機能が不全に陥る可能性を示唆しており，重要な問題である。クローバック条項を企業に導入する際にはそれが罰として機能するような工夫が求められるだろう。

　国内では ENEOS がクローバック条項を適用した唯一の事例であるように，まだまだ適用の事例は少ない。これはアメリカでも同じで，Babenko et al.（2017）の調査によると，2017年時点で3件の事例が存在するのみである。そのため，クローバック条項の適用内容の開示や，企業業績，被適用者のモチベーションなどを検討するためには，今後の継続的な観察が必要である。

6　本章のまとめ

　本章では，経営者報酬契約におけるクローバック条項をテーマとし，現状の整理を行なうために国内のクローバック条項の導入・適用企業に関する実態調査や事例紹介を行なった。

　第2節では，クローバック条項導入の動機に焦点を当て，先行研究でも，不正防止や過度なリスク・テイクを抑制するといった導入の趣旨を裏づける結果が確認された。

　第3節では，クローバック条項の内容に着目し，導入企業の実態や傾向を調

査した。その結果，経営者の不正行為のようなタイプの事象に対するトリガー事由が最も多いことが明らかになった。また，クローバック条項の具体的な開示例も示した。

第4節では，クローバック条項導入の効果について，先行研究を中心に整理した。概ねクローバック条項導入の目的に沿うプラスの効果が確認されているが，企業環境などの条項以外の要因によっては，効果が発揮されない場面もあると確認された。

第5節では，先行研究を踏まえ，クローバック条項の適用事例や適用の影響を検討した。

クローバック条項適用時や適用後の判断は主観に大きく依拠するため，形骸化のおそれがある。クローバック条項の有効性を発揮するには，それ単体だけを検討すれば済む話ではない。役員同士のなれ合いを防止する制度や仕組みを導入するなど，報酬契約及びガバナンス全体の観点から一体的に捉え，制度設計することが求められるだろう。

（澤田　雄介・永田　大貴）

第7章

中小企業における経営者報酬の決定要因

1 はじめに

　本書では基本的に，大企業の経営者の経営者報酬契約を議論している。しかし，日本の企業数のうち99.7％は中小企業である（中小企業白書 2021）。いい換えれば，日本に存在する経営者の大多数が中小企業の経営者である。このような状況にもかかわらず，中小企業経営者の報酬がどう決定されているのか，中小企業経営者の報酬と業績にどのような関連があるのかは，ほとんど研究が行なわれていない。報酬の決定方法を公開することが義務づけられている大企業とは異なり，中小企業では必ずしもその必要がない。このことから，中小企業の報酬を研究の対象とすることがそもそも難しいためだと考えられる。

　そこで，本章ではまず中小企業の経営者報酬に焦点を当てた先行研究を紹介し，どのような議論が行なわれてきたかを整理する。そして，経営者報酬の決定要因に関して，いくつかの中小企業に対してインタビュー調査を行なった事例を利用して解説する[1]。

1　本章で紹介する事例は，本書の内容を含む論文として，査読を経て雑誌に公刊される可能性もある。その際に今後，内容が改訂される可能性があることには注意を要する。

2 中小企業の経営者報酬に関する先行研究

　中小企業の経営者報酬に関する研究の数はそれほど多くない。関谷（1964,
160）は「経営者報酬が問題として提起されるためには，少なくとも制度的，
人格的に所有と経営とが分離することが必要であり，ここにおいて始めて，資
本に対する配当との関連において，経営者報酬は自立しうる」と説明している。
つまり，所有と経営が一致していることが多い中小企業では，経営者の収入と
会社の資本を分離する必要がなく，経営者報酬は検討対象とされてこなかった。
しかし，①作業職能と経営職能との分業や，経営職能内部での分業をもたらし，
従業員の給料との関連を検討する必要が生じてきたこと，②中小企業の上層部
で，経営に携わらない株主からの資本が導入されてきたことなどが中小企業の
規模の拡大に伴い問題となってきた。そのため，中小企業でも経営者報酬が単
に利潤の偶然的，名目的分割にすぎないとして捨て去られるのではなく，重要
な問題として検討される必要がある（関谷 1964）。このような現状を踏まえ，
本節では中小企業の経営者報酬に関する研究で，どのような議論が行なわれて
きたかをまず整理する。

（1）日本の中小企業における経営者報酬

　日本の研究論文を網羅的に検索できる国立情報学研究所が運営する文献デー
タベース CiNii で，「中小企業」と「経営者報酬」を AND 検索の論理演算子
で検索するとわずか1本しか該当しない。また，「中小」と「役員報酬」を
AND 検索の論理演算子で検索すると36本を抽出できるが，その多くは法学と
関わる研究で，会計学と関わる研究はわずかだった。そのため，日本では，中
小企業経営者の報酬が主な会計研究の対象とされてこなかったことがわかる。
わずかに該当するのが，関谷（1964）と櫻田（2003a, b）である。櫻田（2003a,
b）はアンケート結果に基づくデータ分析により，バブル崩壊後に中小企業が

経営者報酬水準をどう決定してきたかを調査している。対して，関谷（1964）は中小企業経営者の報酬に影響を与える要因に言及し，これを検証するために日本の中小企業を対象として，統計的な調査を行なっている。ここではまず関谷（1964）をベースに議論を進めたあと，櫻田（2003a, b）の研究結果を概観する。

関谷（1964）は，中小企業の経営者報酬の決定に影響を与える要因の検討及び中小企業の経営者報酬の実態調査を実施している[2]。関谷（1964）は，中小企業の経営者報酬の決定に影響を与える7つの要因に言及している。1つ目は会社の財務政策である。中小企業は相対的に資本が小さく，借入が困難なことが多く，資金的制約を受ける場合が多い。中小企業で工場や設備の拡張に資本を投入する場合は，報酬で利益が配分されるのを避ける傾向がある。そのため，会社の財務政策が経営者の報酬に与える影響が大企業よりも大きい。2つ目は会社に対する所有権である。オーナー企業の場合や経営者が大株主の場合，実質的に経営者の裁量で報酬額を決定できるため，報酬額の増加につながる可能性がある。3つ目は，経営者がなす任務である。中小企業では経営者が全般的経営職能を担当すると同時に，営業，販売，製造の責任者としての職能をもつなど，企業のすべての活動に対して直接的な権限と責任をもっている場合が多い。そのため，責任の大きさが報酬の大きさにつながる可能性がある。4つ目は税金の問題である。中小企業では所有と経営が分離しておらず，経営者の資産と会社の資産が明確に区別されていないケースがある。このとき，個人と会

2　関谷（1964）の実態調査は，名古屋証券取引所第二部市場上場会社を中小企業として取り上げている。その理由として，数量的基準からは中小企業とみなすことはできないが，少数の大企業の子会社を除いて，次第にマネジメントチームを形成しつつあることをあげている。加えて，創設者，その相続者，またはその親族などの個人的経営能力に依存している企業が多く，「成長企業」，「中堅企業」として，中小企業の上層部として取り扱うことができるためとしている。しかし，関谷（1964）では，中小企業の管理会計研究などで扱われている従業員数で規定される「中小企業」に該当しない企業の実態が報告されている点は留意されたい。つまり，一般的にイメージできる中小企業基本法において従業員数などの量的基準で定義される「中小企業」を対象とした研究は，日本ではほとんど行なわれていないのが現状である。

社に利益の配分を決定する際に，課税金額を最小にしようと動機づけられる可能性がある。つまり，所得税率が法人税率よりも低い場合には，個人の給与として受け取ることで経費として控除されることが経営者報酬の決定に影響する。5つ目は同族登用の要素である。親から子どもに事業承継する場合，職務や個人の価値よりも高く報酬を引き上げることがある。一方で，子どもが若くして経営者を引き継いだ際に，仕事を学ばせる目的で，報酬額が抑えられる可能性もある。6つ目は経営者の個人的性格である。中小企業では経営者の影響が大きいため，どの程度報酬を得るかは経営者自身の個人的な思考に左右される部分が大きい。7つ目は地理的影響である。中小企業は大企業ほど活動範囲が広くなく，地域性をもつため，地理的影響を受ける度合いが強い。以上の7つの要因が中小企業の経営者報酬に影響すると関谷（1964）は説明している。

　関谷（1964）では，名古屋証券取引所第二部市場に上場されている企業72社の有価証券報告書に基づいて，中小企業の経営者報酬の実態調査が報告されている。まず，役員の持株比率と経営者報酬の相関関係を検証しており，統計的に有意な関係がみられないとの結果を報告している[3]。また，ファミリー・ビジネスと非ファミリー・ビジネスに分類し，経営者の報酬金額に差があるかを検証し，統計的に有意な関係を発見できないとの結果を報告している。つまり，所有形態と中小企業経営者の報酬の関連は関谷（1964）では確認できていない。さらに，関谷（1964）は中小企業での付加価値額，利益額，総資産額，売上高と経営者報酬の金額との関連を分析した。その結果，これらの要因と報酬の間での弱い相関関係を明らかにし，売上高や純資産額よりも付加価値額や利益額のほうが，相対的に相関度が高いことを報告している。つまり，中小企業では規模を示す売上高や純資産額より貢献度を示す付加価値額や利益額のほうが，

3　関谷（1964）の実態調査の対象となった企業では，役員1人当たりの持株比率が3％以上の企業を最も持株比率が高い企業群に属するとされており，中小企業としては持株比率が低い水準の中小企業を対象としている点には留意が必要である。経営者の持株比率が8割や9割超の中小企業でも，所有形態と中小企業経営者の報酬との間の関連で同様の結果が得られるかは検証が必要である。

経営者報酬の水準を決定する要因として重要だと報告している。

　一方，櫻田（2003a, b）は大企業における株主（投資家）と経営者間のエージェンシー関係による経営者の独善的経営行動を抑止するモニタリング機能が，中小企業には存在しないことを指摘した。そのうえで，中小企業経営者の報酬がどのように決定されるのかを統計的に調査している。櫻田（2003a）は従業員数50人未満かつ年商10億円未満の中小企業393社を対象として，資本金額・従業員数・年間売上高・役員の年齢・役員通算在任年数・役員持株比率・年間賞与額の7つの項目が役員報酬に影響を与えているかを検証した。その結果，代表権者の報酬は年間売上高と正の関係があることを明らかにした。この理由として，法人税法施行令第69条の役員報酬の損金算入規定に鑑みて報酬を算定していることをあげている。また，使用人兼務役員の報酬は在任年数・持株比率と正の関係があることを明らかにした。つまり，代表権者と使用人兼務役員の役員報酬を決定する要因が異なり，使用人兼務役員では年功序列が報酬に影響を与えることを明らかにした。また，櫻田（2003a, b）の一連の研究は，経営者報酬研究がエージェンシー理論をもとに経営者報酬の決定要因を明らかにしようとしており，法人課税理論における会計規制の役割を度外視してきたことを批判している。とくに中小企業ではエージェンシー関係のみに焦点を当てるのでなく，法人課税を含めた多様な要因を検討して，経営者の報酬水準の決定プロセスを探求する必要があることが示唆されている[4]。

（2）海外の中小企業における経営者報酬の決定要因と業績との関連

　対して海外の研究は，中小企業での経営者報酬について，どのような議論を行なっているだろうか。ここでは，①中小企業における経営者報酬の決定に影響を与える要因，②中小企業における経営者報酬の水準と業績との関連の2つの論点から整理を行なう。

4　櫻田（2003b）は大企業の役員報酬決定でも，法人課税による分析視角を検討する可能性を指摘している。

132 第Ⅱ部 日本企業の経営者報酬契約に関する実態調査

　まず，Cheung et al.（2005）は同族支配的なビジネス環境である，香港証券取引所上場企業412社を対象として所有構造と経営者報酬の金額との関連を調査した[5]。その結果，大企業では役員の持株比率が10％までの場合，持株比率と経営者報酬の間に正の関連があるとわかった。また，中小企業では持株比率が35％までの場合，持株比率と経営者報酬の間に正の関係が観察された。つまり，中小企業ほどオーナー経営者が自らの所有権を利用して，より高い報酬を引き出す可能性が高いことが明らかにされた。この結果から，大企業を対象とした先行研究で言及されるのと同様に中小企業でも経営者報酬に株式の所有構造が影響することが明らかにされた[6]。

　また，Cooley and Edwards（1985）は142社の中小企業を対象に経営者の報酬に影響を与える要因の検証を行なった。具体的には，企業規模，総資産回転率，総資産利益率，所有構造（経営者の株式保有率），経営者の年齢が経営者報酬の金額に与える影響を検証した。その結果，企業規模，総資産回転率，所有構造が経営者報酬の金額に正の影響を与えており，経営者の年齢は経営者報酬の金額に負の影響を与えていることを明らかにした[7]。経営者の年齢が経営者報酬の金額に負の影響を与えるという結果について，高齢の経営者は所得に対する個人的なニーズが減少し，配当として報酬をもらうことで法人税と所得税の二重課税を避け，事業により大きな資本を築きたいと考える可能性があることを指摘している。

　中小企業における経営者報酬の水準と業績との関連について，Galbraith

---

[5]　Cheung et al.（2005）の調査対象となった企業には大企業と中小企業の両方が含まれている。そのため，大企業と中小企業に分類して，中小企業の特徴を明らかにするための分析が実施されている。

[6]　所有構造と経営者報酬の関係は，中小企業を対象とした研究以外でも言及されている。たとえば，Amoudouni and Boubaker（2015）はフランスの上場企業を対象に所有構造と経営者報酬の関連を調査し，正の相関関係があることを発見している。また，経営者以外の大株主の存在が経営者の日和見的な行動を減少させ，過度な報酬を抑制するというモニタリングの役割を果たすことを明らかにした。

[7]　所有構造と同様に，創業からの年数及び経営者が支配株主となってからの年数も経営者報酬に負の影響を与えていることを明らかにしている。

（1967）は，経営者報酬は売上高と関連すると述べている。中小企業では，経営者の評価が事業規模で決定されることが多いためである。一方，Lewellen and Huntsman（1970）は資産利益率が経営者の報酬水準と関連することを実証している。これらをふまえて，Cooley（1979）は中小企業の経営者報酬が売上高と利益率のどちらと関連しているかを検証した。その結果，経営者報酬は利益率と売上高の両方に関連していることを明らかにした。

　さらに，Park and Byun（2021）は韓国の中小企業を対象に，経営者報酬と経営者能力の関連に焦点を当て，これらが企業価値に及ぼす影響を検証した。Park and Byun（2021）によると，中小企業は大企業と比べて外部資金調達力や資金力が不足している傾向にあるため，中小企業の経営者が高い報酬をとると，中小企業の財務難が大きくなると説明される。とくに中小企業では経営者の影響が大きいため，中小企業の高額な役員報酬は経営能力に起因しなければ，企業価値の向上につながらない。Park and Byun（2021）は，①中小企業の役員報酬が企業価値にプラスの影響を与えており，役員報酬が高水準であることは経営者が真面目に営業活動を行なう動機づけとなるため，企業価値が上昇すること，②経営者能力は企業価値に有意なプラスの影響を与えること，③経営者能力の高い中小企業では役員報酬が企業価値に有意なプラスの影響を与えるが，経営者能力の低い中小企業では役員報酬は企業価値に影響を与えないことを明らかにしている。つまり，経営者報酬が経営者能力に応じて与えられることで，経営者は企業の発展や成長のためにベストを尽くし，同時に仕事へのモチベーションを高めることができると示している。

　これらを整理すると，①会社の所有構造，企業規模，総資産回転率，経営者の年齢が経営者報酬の金額の決定に影響を与えており，②経営者報酬の金額は売上高（事業規模）と利益率の両方と関連しており，③経営者の能力に応じて報酬が支払われることで，企業価値の向上に寄与することが明らかにされている。しかし，中小企業の経営者報酬に関する実証研究はわずかで，今回のレビューでも数少ない先行研究の結果を整理しているのみなので，以上の証拠が普遍的な知見を十分に提供していないことには注意する必要がある。

3 中小企業の経営者報酬決定の事例紹介

関谷（1964）では，中小企業の経営者報酬の実態調査が取り上げられていた。しかし，関谷（1964）は名古屋証券取引所第二部市場上場会社を中小企業とみなしており，一般的にイメージする中小企業基本法の基準に基づく中小企業の実態と異なる可能性がある。また，櫻田（2003a, b）もデータ分析が中心で，具体的な企業の実態に踏み込んでいない。さらに，海外での中小企業の経営者報酬も取り上げたが，日本の実態とは異なる部分も大きいだろう。そこで本節では中小企業経営者に対するインタビュー調査を通じて，先行研究でほとんど取り上げられていない日本の中小企業経営者の報酬決定の実態を記述する。インタビュー調査の対象となった企業は図表7-1のとおりである。

図表7-1に示した8社の中小企業に対して，半構造化インタビューを実施した。インタビューは対面及びオンラインにて実施し，その際に録音を行ない，文字起こしを実施した。インタビューに要した時間は6時間（1社当たり平均45分）だった。これらの中小企業を対象としたインタビュー調査の結果を基に，日本の中小企業の経営者報酬の決定方法を記述する[8]。

（1）インタビュー結果

インタビュー対象となった中小企業で，8社すべてが原則，経営者報酬の金額を大きく変動させることはあまりなく，前年度と同水準にすることが基本だと回答した。しかし，金額の大小はあるにせよ，経営者報酬の金額を決定する際に，中小企業経営者が共通して念頭に置いている要因が複数観察されたため，その要因ごとに整理する。

---

8 先行研究で，経営者報酬の決定要因としてあげられている企業規模，経営者の年齢は，個々の中小企業経営者に対するインタビュー調査から経営者報酬に与える影響を捕捉することは難しいため，議論の対象外としている。

第7章　中小企業における経営者報酬の決定要因　*135*

図表7－1◇インタビュー対象中小企業

企　業	業　　種	従業員数	創　業　年	経営者の株式保有率	インタビュー時間
A社	製造業	89人	1956年	20％超	2023年9月20日時間：58分
B社	製造業	32人	1930年	100％	2023年9月20日時間：51分
C社	製造業	19人	1961年	98％	2023年9月21日時間：30分
D社	鉱業，採石業，砂利採取業	39人	1969年	80％	2023年9月21日時間：51分
E社	建設業	15人	1966年	100％	2023年9月21日時間：41分
F社	建設業	14人	1956年	80％	2023年9月22日時間：45分
G社	建設業	29人	1930年	80％	2023年9月22日時間：33分
H社	サービス業（ほかに分類されないもの）	12人	2015年	100％	2023年10月7日時間：55分

（出所）筆者作成

①　業績との連動

　まず，中小企業の経営者報酬に関する先行研究でも議論されていた，業績と経営者報酬の金額との関連をみる。そうすると，図表7－2のように売上高や利益をベンチマークとして，経営者報酬の金額を変動させていることが明らかとなった。

136　第Ⅱ部　日本企業の経営者報酬契約に関する実態調査

図表7-2◇売上高や利益をベンチマークとした経営者報酬の決定

私の評価は成績，損益計算書でしょうから，数字的な評価だけでしょうから。（中略）役員報酬は一応固定で決めているけれども，利益が出れば役員賞与として還元しようと思うので，上限は決めています。　　　　　　　　　　　　　　　　　　　　＜製造業A社＞
売上ベースですね。売上ベースなんですけれども，一番重要なのは差し引きの中身，利益ですから。最終的にはそうなるんですけど，（……）運営していく中では売上ベースで［考えると］やっぱりすべて見通しが立ちやすい。　　　　　　　　　　　　　＜製造業C社＞
やっぱり役員で登記していると年間で，年俸も先に税務署で申告しなきゃいけない都合上，前年度の売上ベースでやっちゃうしかないんですけど。利益操作できないようにですね。　　　　　　　　　　　　　　　　　　　　　　　　　　　　　＜建設業E社＞
弊社は受注産業なので，仕事が増えたら粗利も当然増えていきますので，最終利益に対して到達点がだいたい決まっていきます。（中略）今年は多分受注増えるよなっていってたら，先行して税務署にボーナス届みたいな形で出しておいて，給与所得にしてって経費計上するだとかそういうことはやっておりますね。　　　　　　　　　　　　＜建設業F社＞

(注)（……）は可読性を高めるために筆者が省略
　　　［　　］内は可読性を高めるために筆者が補足
(出所)　筆者作成

　図表7-2のように売上高や利益に対して経営者報酬の金額を変動させている。しかし，図表7-3のインタビュー結果から，中小企業では好業績で経営者報酬を上げる際にはあまり大きな金額を増やさないのに対し，業績不振で経営者報酬を下げる際には大きな金額を減らすと考えていることが明らかとなった。つまり，経営者報酬の金額を上げる際と下げる際では，感応度が非対称になっている。

第7章 中小企業における経営者報酬の決定要因 *137*

図表7-3◇業績との連動の感度

社員さんの給料というのは必ず業績が上がろうが下がろうが，やっぱり右肩上がり。[業績は]下がったから一緒に下がったらやめちゃうんだよね。そういう風に社員さんをやっていくためにも，経営者［の報酬］というのはどっちかというと［業績は］上がったら上がる，下がったら下がる。下がっても自分の給料を小さくして，社員さんにちゃんと分配しないと。 <製造業B社>
やっぱり会社を存続させることが優先になってくるから。安全がまず大事ですけど。[社長の給料を]上げるよりも下げる方が優先になるんでしょうね。 <建設業E社>
［社長の給料を］下げたときはやっぱりちょっとね。ちょっと続けてあんまり業績がよくなかったっていうときはやはり，経費削減という形の中でまず経営者から下げようっていう形で下げたんですよね。（中略）一番手つきやすいのが経営者の報酬のところだという。 <建設業G社>

(注)［　］内は可読性を高めるために筆者が補足
(出所)筆者作成

先行研究で議論されているように，日本の中小企業でも利益や売上高の指標をベンチマークとして，経営者報酬の金額を決定している。この傾向は，中村（2020）が示したように，日本の大企業とも整合的である。しかし，中小企業経営者は自社に対する責任感が強く，会社の存続のために業績不振へ対応する場合に感応度が高くなることが明らかとなった。

② 従業員の給料×X％

中小企業の経営者報酬の金額はほとんど公開されていないため，従業員がその金額を知ることは基本的にはできない。そのなかで，中小企業は大企業と比較して，経営の階層化が進んでおらず従業員と経営者の距離が近いことが特徴としてあげられる。そのため，中小企業経営者は従業員に自身の報酬を明かした際に不公平感がでない水準にするために，従業員の給料を基準として一定の掛率を乗じて自身の報酬金額を決定している。その際に，給与が最も高い従業員の給与から算出する方法と従業員全体の給与の底上げを図るために給与が最も低い従業員の給与から算出する方法が確認された。具体的な方法に関する発言を図表7-4に示している。

138　第Ⅱ部　日本企業の経営者報酬契約に関する実態調査

図表 7 - 4 ◇従業員の給与から報酬金額を決定する方法

一応指標があって，役員報酬を設定しています。（中略）部長職の 1 . 何倍とか，年収全体の指標です。　　　　　　　　　　　　　　　　　　　　　　　　　　＜製造業Ａ社＞
自分の報酬というよりかは社員の給料を今年より来年，来年より再来年，下げないのはもちろんなんだけど定期的にモチベーションもそうだし，定着してもらうために上げていくというのが大前提でありましたね。だからまず，そこから決めていって，あと自分の報酬は会社の従業員，役員の（……）最高でもらっている人の 1 . 何倍というか，そういう具体的な数字はないんですけど。一応会社のトップとして，それよりかはちょっと多いくらいというのを目安に決めています。　　　　　　　　　　　　　　　　　　＜建設業Ｅ社＞
報酬の部分と私の決め方としては，弊社の従業員の最低の価格になっている職員価格の私は 7 倍未満にしようとしておりまして。なんでそれ 7 倍なんだっていうふうにいわれちゃうと，10倍でも20倍でも取ろうと思ったら取れるんですけど（中略）基本的に会社の代表者のやる仕事としてはみんなの給料を上げるのが，基本会社の代表者だと思っているので，自分の給料を上げたければ最低の給料の額をどんどん上げていけば，僕の基準としては 7 倍未満にしようっていう自分のマイルールがあるので，そういう形でやっていこうっていうことです。　　　　　　　　　　　　　　　　　　　　　　　　　　（建設業Ｆ社）

（注）（……）は可読性を高めるために筆者が省略
（出所）筆者作成

　このように中小企業では従業員の給料を基準として，そこから経営者報酬の金額を決定するという中小企業特有の要因があるとわかった。これは，①人材は一朝一夕で成長するものではなく，人材難である中小企業ではとくに従業員を大切にするということ，②階層化されていない組織であるために従業員からのモニタリング機能が働くことなどの理由が考えられるだろう。

③　地理的影響

　中小企業は大企業ほど営業圏が広くなく，地域に根差した企業が多い。そのため，地域ネットワークの中での関係性を大切にしており，地域の同業他社や関わりの深い企業・団体と比較して，過度に報酬が高く（低く）なりすぎないように報酬金額を設定している。その際に，直接経営者同士で報酬金額を伝えるのではなく，金融機関や税理士などから水準を調査し，自身の報酬金額を決定していることが明らかになった。具体的な発言は図表 7 -5 に示している。

第7章　中小企業における経営者報酬の決定要因　　*139*

図表7-5◇地理的影響

役場職員の課長職よりかは中小企業の経営者の給料がちょっと高くしなければならない。そんなバランスもちょっとあるような気がしますね。役所の管理職がここ［この程度の水準］にあって，中小企業の社長というのは責任も多いしっていうのもあるんでね。高い設定をしておくと。　　　　　　　　　　　　　　　　　　　　　　　　＜製造業B社＞

一応ね。社長になって周りみたときに，儲かってないって評価されても嫌だしさ，と思って（中略）その辺が難しいってことだね。対外的なことっていう訳じゃないんだろうけど，うちクラスの会社になると，たとえば俺が軽自動車に乗り換えたら，ちょっとあの会社は危ないんじゃないかと思われてもやだしさ。（中略）その辺のバランス難しいかもな。
　　　　　　　　　　　　　　　　　　　　　　　　　　　　　　＜鉱業，採石業，砂利採取業D社＞

大体他の同規模同じ業種の（……）聞ける範囲で，どのくらいの報酬でやってるのみたいな。あとは一般管理費の部分で占める％というのをそんなに高くならないように調整しながら決めてるっていうのが現状でしょうかね。　　　　　　　　　　　　　　　　　＜建設業G社＞

（注）［　］内は可読性を高めるために筆者が補足
　　　（……）は可読性を高めるために筆者が省略
（出所）筆者作成

　中小企業は同業他社や地域役場職員の給与水準などを報酬水準の決定の際に参考にしている。また，地域ネットワークの中で過度に報酬を高くすると出る杭は打たれてしまい，逆に低くしても評判を損なうため，そのバランスを考えていることもインタビュー調査によって示された。

④　「もしも貯金」

　中小企業は直接金融の利用が困難であると同時に，間接金融についても金利等の条件で大企業と比較して不利な条件である場合が多い。そのため資金繰りに苦慮するという特徴がある（渡辺ほか 2017）。たとえば，中小企業が金融機関から借入を行なう際には経営者保証を求められる場合も多い[9]。つまり，中

9　2014年2月から適用されている「経営者保証に関するガイドライン」では中小企業が経営者保証なしでも融資が受けられる道が示されている。また，2022年12月23日に経済産業省・金融庁・財務省が連携して，経営者保証に依存しない融資慣行の確立を加速させるために，「経営者保証改革プログラム」を策定した。しかし，中小企業の借入実態としては，いまだ経営者が保証人として会社の負債を個人保証することが求められている実態がある。

小企業経営者は企業にもしものことがあった際，個人で保証する必要がある。そのため，中小企業経営者の中には報酬の金額を高めに設定し，個人資産ではあるが保証のためにプールするという方法で「もしも貯金」を準備している。具体的には，図表7-6のような発言があった。

図表7-6◇もしも貯金

ただ7年くらい前に，経営者が個人保証する決まりってなくなったじゃないですか。銀行の長期も短期も貸付金に対して個人保証をつけちゃうとそこで事故が起きたら，一生その人がもう立ち直れなくなっちゃうっていうぐらいのあれになっちゃうんで。ですからたぶんそういうのもあるんだから。そういう理由づけで，高くなっていったんじゃないのかなと。　　　　　　　　　　　　　　　　　　　　　　　　　　　　　　　　　＜製造業B社＞
今，100％株を保有して借入のときは保証人になってやりますので。基本的には僕の報酬をもらったやつから積み立てじゃないですけどプールしておいて。やっぱりいまだに会社で何千万って借り入れするときに代表者の連帯保証があるんですよ。うちぐらいのクラスの会社になると。経営者保証しないっていう風になりましたけど，やっぱり形式が残っていて。サインはさせられるんですよね。借りた分の会社が万が一のときには，［借りた分の保証は］個人にってことで。そういうのも備えじゃないですけど。経営者の報酬というのはそういう部分の担保もあるというのを考えながら。　　　　　　　　　　　＜建設業E社＞
最終的な保証も含めてっていうところも当然ありますので。責任というか保証ですよね。財産全部，最終的には，みぐるみ剥がされる可能性があるわけですから。でもそこに関する部分っていうのを（……）評価としては保証している分も加味する。　　＜建設業F社＞

（注）［　］内は可読性を高めるために筆者が補足
　　　（……）は可読性を高めるために筆者が省略
（出所）筆者作成

　金融機関からの経営者保証への対応のほかにも，いくつかの要因がある。たとえば，従業員が勤務するために居住地を借りる際に，保証人を求められることがある。このとき，従業員の住環境を整えるための取組みを行なう経営者もいる。調査からは，そのための「もしも貯金」など多様な目的があることが示された。中小企業経営者は会社や従業員に対する責任が強いため，もしものときに備えておく必要があると考えていることが明らかになった。

⑤ 税理士からのアドバイス

中小企業が経営を行なっていくうえで，外部の会計専門家が伴走者となり中小企業経営者に対して，種々のアドバイスを行なう（澤邉・吉永 2020）。経営者報酬金額の決定場面でも，税理士から節税のアドバイスを受けていることが明らかとなった。具体的には，次年度の業績予測から法人税と個人所得税のバランスを計算し，課税最小化を目的として税理士と相談しながら報酬を決定するという図表7-7のようなプロセスを踏むことが明らかとなった。

図表7-7◇税理士からのアドバイス

【たとえば税理士さんだったりとか会計士さんみたいなところとも相談は？】 法人税で33%は税金，法人税とした形で納税しなきゃならないんだけども。やっぱり所得税にすることによって，その税率は下げられるから。少しの差だけども，そういうような会社からお金を抜くっていういい方もするんだけどっていう方法はあります。 <div align="right">＜製造業B社＞</div>
大体決算のあとの打ち合わせをして，株式会社なので一応株主総会。議事録作ったり，取締役会で記載内容とかを税理士さんと一緒に作ったりとかして。今年の報酬はこうしましょうとか。配当金はこうしましょうとか決めてますけど。変えることも変えられることもできるんですけど。年の収入が増えると税率も上がるので。税率が切り替わる。これの金額を超えると税率がちょっと上がりますよというところも行かないように抑えているので。ちょっと上げるんだったら上げないほうがいい。 <div align="right">＜建設業E社＞</div>

(注) 表中の【 】はインタビュアーの発言である
(出所) 筆者作成

また，税理士からは節税のアドバイスだけでなく，その税理士がクライアントとして抱える同業他社との比較を行ない，当該企業の適切な報酬金額の水準の目安をアドバイスしていることが明らかとなった。その際に，同業他社の企業規模（売上高・利益）との比較において，①報酬額をどの水準に設定すべきかという方法，②会社全体の人件費の割合を同業他社と比較して報酬額をどの水準に設定すべきかという方法の2つの手法で税理がアドバイスしていることが明らかとなった。これは外部専門家の活用が重要となる中小企業に特有の要因だといえる。

142 第Ⅱ部 日本企業の経営者報酬契約に関する実態調査

⑥ 事業承継

　近年，中小企業の大きな問題の１つになっているのが事業承継の問題である。事業承継の際の課題に株式移転のために多額の費用がかかることがある。中小企業経営者はこの費用捻出のために金融機関からの借入を行なう場合もあるが，その費用分を報酬からまかなうために報酬金額を増額しようとする場合があると明らかになった。具体的には図表７-８のとおりである。

図表７-８◇事業承継

我々もそうはいっても20％以上の株主なんです。うちの方の20％でＸ万くらい。俺個人がＸ万円株式もつて結構大変なことじゃないですか。だからそれなりに，次［の世代のために］。俺がってことじゃなくてね。次なる人もそうできるようにしてあげなきゃならないんですよ。　　　　　　　　　　　　　　　　　　　　　　　　　　　　　＜製造業Ａ社＞

例外というのは株の取得です。後継者，後継経営者になるとやっぱり株を一代前からもしくは周りから取得をしていかなければならないじゃないですか。株を取得するためにお金が必要ですよね。そうしたら株を取得するためのお金も［準備する］。（中略）株を取得するためのお金だよという風に報酬と株取得金の目的のものをセットで出しているという役員報酬も結構多いですね。　　　　　　　　　　　　　　　　　　　　　　＜製造業Ｂ社＞

株の移動に税金もかかるんですけど。とりあえず親子関係なんで，相続時精算課税っていう制度を使って，会長が亡くなったときに，相続の中の一部として計算するということで。それの資金もやっぱり取っておかなければいけないので。（中略）利益が出たときに，先ほどいった配当金なりで，ちょっと動かしておいて，それに備えにしていくというようなイメージですね。　　　　　　　　　　　　　　　　　　　　　　　　　　＜建設業Ｅ社＞

（注）表中のＸ万円は実際には具体的な数字だった
　　　［　］内は可読性を高めるために筆者が補足
（出所）筆者作成

　後継経営者は株式の取得に多額の費用がかかるため，その費用を報酬金額に上乗せして準備するという対応を検討する中小企業も存在するとわかった。これは後継者不在が深刻化している中小企業に特有の要因だといえる。

⑦ 配　当

　最後に，オーナー中小企業で経営者報酬と緊密に関連しているのが配当の問題である。オーナー経営者は自社の株式の大半を保有しているため報酬として

ではなく，配当として所得金額を調整することが明らかとなった。具体的には図表7-9のとおりである。

図表7-9◇配当

業績がややいいときは，その辺りの業績の内容をみて，（……）いわゆる決算の株にたいしての配当として若干収入にするようなこともありましたし。（中略）じゃあちょっとこれ今期はこういうことである程度決算も見通しもそこそこじゃないかといったときには，自分の給与はちょっと［業績に見合う水準ではなかった］だったけれども，株がほとんど自分がもっているものですから，その配当金のパーセントで調整，若干しようという形で年間の給与を調整するということは，ままあるんですけれども。　　　　　＜製造業C社＞

本当に株の配当は全部終わって，12月決算なので12月終わって，2月に納税して，確かそのあとなんですよ。全部終わって，終わったあとで税理士さんをよんで。今年は儲かんなかったから配当なしだねとか，ちょっと出たからこれくらい何パーセントかやろうかなとか。そんな話ですね。どうしても税引き後になるんで，しっかり税金納めて，税引き後の利益で，個人に移すと，こっちは所得。それに対してまた所得税になるから。二重で払うようになるんですけど，最終的に所得にする分はそこまでやらないと。ちょっと計算できない，あらかじめ報酬上げるとかってできないから。そういう形で対応してます。　　　　　　　　　　　　　　　　　　　　　　　　　　　　　　　　＜建設業E社＞

あとはちょっと，少なければ決算のところで，職員の賞与に値するという配当金ですとかね。こういうのは会社の決算がよければ，もってくることはありますね。　＜建設業F社＞

（注）［　］内は可読性を高めるために筆者が補足
　　　（……）は可読性を高めるために筆者が省略
（出所）筆者作成

　先行研究では，オーナー経営者が配当を低額にすることで，全体的な税負担を軽減し，配当に対する二重課税を回避したいと考えると指摘されていた（Cooley and Edwards 1982）。しかし，インタビュー対象企業の経営者も指摘していたが，日本の中小企業では法人税と所得税の二重払いになったとしても配当金で所得金額を調整していることが明らかとなった。

（2）小　　括

　本節では中小企業経営者の報酬水準に影響を与える要因をインタビューで調査した。しかし，本節で議論の対象とした要因以外にも①経営者の個人的性格，②中小企業経営者はオールラウンダーであるために業務に対する責任が大きいこと，③経営者報酬は人件費の一部であり，売上高に占める販売費及び一般管理費の割合から従業員の給料を決定し，残額を経営者報酬とするなど，多様な要因が実務で報酬を決定するときに検討されている。中小企業の経営者報酬に影響を与える要因は今後も研究され，日本の中小企業に特有の要因が明らかにされていくだろう。本章はその第一歩を踏み出したに過ぎない。

4 本章のまとめ

　本章では中小企業の経営者報酬に焦点を当てて議論を行なった。日本企業の99％以上が中小企業なので，経営者の絶対数も中小企業経営者が大半を占めるにもかかわらず，中小企業の経営者報酬は実態が明らかとなっていない。このような現状をふまえて，日本の中小企業経営者の報酬に影響を与える要因を明らかにすることを目的とし，中小企業経営者に対するインタビュー調査を実施した。その結果，①先行研究で議論されている業績との連動について，業績不振で経営者報酬の金額を下げる際に強く連動していること，②従業員の給料や同地域の同業他社などとの兼ね合いから決定し，過度に高額にならないようにすること，③金融機関の経営者保証や事業承継など中小企業に固有の要因によって，経営者報酬の金額を上げる要因になること，④所得税と法人税のバランスを考えた節税は先行研究で議論されていたが，最終的には二重課税になっても，配当金によって経営者報酬の金額を調整することが明らかとなった。

　本章のインタビューでは限られた中小企業の実務を紹介したに過ぎない。しかし，事業承継への対応や金融機関から資金を借り入れる際の経営者保証への

対応，配当金の金額で，どのくらいの金額を会社から経営者個人に渡すのかという調整を行なっていることなど，中小企業に特有の要因も観察された。日本の中小企業の経営者報酬の決定プロセスは，筆者の知りうる限り記述されてこなかったため，本章の調査によって中小企業経営者が自身の報酬を決定するという責の重い実務に対して，わずかではあるが貢献できれば幸いである。

（牧野　功樹）

第 **III** 部

日本企業の経営者報酬契約に関する実証研究

第8章

出る杭は打たれる？
日本企業の経営者報酬のベンチマーク

1 はじめに

　第4章で提示されたように，日本では「同業他社の報酬をベンチマークとする」と明記している企業も多い。加えて井上ほか（2021）にあるように，日本企業では平均的に他社の利益が自社の報酬に正の影響を与える。この事実を深く考察すると，日本企業の経営者報酬決定に関して1つの可能性を提示できる。それは，日本企業では，他社報酬をベースに自社報酬を決定する傾向があるという可能性である。つまり，他社利益と自社報酬との関係は，他社報酬をとおした関係の可能性がある。自社報酬の増加は，他者利益が上がって他社報酬が上がったことに影響を受けていると考えられる。

　その研究課題を調査したのが，Hamamura and Inoue（2023）である。この研究では，日本企業の経営者報酬が，他社の報酬と相関関係にあるのではないかと考察して統計的な調査を実施している。本章は，Hamamura and Inoue（2023）の研究のエッセンスを取り出して調査結果を解説する[1]。

2 日本の文化的な側面と経営者報酬の決まり方の関係

　日本企業の経営者報酬を考えるとき，日本の文化的な特徴を無視して議論できないだろう。ここではとくに，「社会の目」に着目する。日本企業の経営者報酬は，他国，とくにアメリカと比較すると安い傾向にある。これはなぜだろうか。もし，ある企業の経営者が極端に高い報酬をもらっていたとする。その場合，日本ではメディアやさまざまなステークホルダーからバッシングを受けることがある。たとえば，東洋経済オンラインの記事では，カルロス・ゴーン氏がほかの従業員と比較して報酬が高すぎるとの指摘がある[2]。また，税法上も高い経営者報酬が認められない可能性もある。残波事件とよばれる比嘉酒造の高額な経営者報酬への課税に関する訴訟は，ほかの酒造メーカーと比べてどれだけ経営者報酬が高いかが調査された。そのため，極端に高い経営者報酬はもらいづらい可能性がある。

　社会的にその経営者の報酬が「高いかどうか」は，もちろん絶対的な基準ではなく，同業他社などとの比較をとおした相対的な基準で決まる。つまり，日本では比較対象よりも高額な経営者報酬をもらっていると，なんらかの形で経営者にとってよくない結果を招く可能性がある。要するに日本の有名なことわざにあるように，「出る杭は打たれる」ことになる。これはつまり，同業他社の報酬が社会規範（social norm）になっていて，それと大幅に乖離する企業がバッシングを受ける可能性を示唆している。

　ではこのような状況で経営者報酬決定をするとき，企業は何を考えないとい

1　本章は，Hamamura and Inoue（2023）の著者2人が，その内容の一部を要約・修正して執筆している。なお，当該論文は査読を経ていないワーキング・ペーパーなので今後改訂の可能性があることには注意を要する。また，本書の内容を含む論文として，査読を経て雑誌に公刊される可能性もある。

2　スティーブン・ヴォーゲル「CEO報酬もらいすぎ問題」で今すぐすべきこと　ゴーンが平均社員の数百倍稼ぐのはおかしい」（2019年2月15日公開）。URL: https://toyokeizai. net/articles/-/264656（最終アクセス：2023年8月4日）

けないだろうか。それは，比較対象となる同業他社の設定する報酬だろう。なぜなら，他社がもらっている報酬を基準に「高すぎる」といわれる可能性があるなら，他社の報酬を基準に自身の報酬を決定しないと，うまく報酬制度を決められないからである。したがって，冒頭に述べたように，日本では「同業他社の報酬をベンチマークとする」と明記している企業も多くなると考えられる。なお，この記載内容は後に述べるように，金融庁が提示する考え方に基づく可能性もあることに注意を要する。

　本章では，ある企業の報酬がピア・グループの報酬とどう関係しているかを調査する。統計的な分析を始める前に，同業他社の報酬は自社の報酬に正の影響を与える可能性があるという予測をたてられる。なぜなら，自社の報酬を同業他社の報酬と同じ動きにしないと，同業他社の報酬がベンチマークにはならないからである。つまり，同業他社の報酬が上がればベンチマークになっている報酬が上がるので，自社も報酬を上げることができる。逆に，同業他社の報酬が下がれば，自身が報酬を上げるわけにはいかないので報酬が下がる。ここでは，Hamamura and Inoue（2023）の結果を参照しながら，日本企業は同業他社の報酬をベンチマークとする傾向にあるのかを調査する。

3 分析モデルと調査対象

（1）分析モデルと変数

　本章では，「日本企業は同業他社の報酬をベンチマークとする傾向にあるのか」を確かめるために，以下の回帰モデルを分析する[3]。

3　なお，本章では比較対象企業群となるピア・グループの選定について Nam（2020）を参考にするので，この式（1）も，Nam（2020）をベースにしている。Nam（2020）の詳細は，井上ほか（2021）が詳しいのでそちらを参照せよ。また，ピア・グループの設定に関する研究の流れは，濱村・井上（2022）などが詳しい。

$$COMP_{i,t} = \beta_0 + \beta_1 ROA_{i,t} + \beta_2 PEER\_ROA_{i,t} + \beta_3 PEER\_COMP_{i,t}$$
$$+ \beta_4 RET_{i,t} + \beta_5 PEER\_RET_{i,t} + \beta_6 SALE_{i,t} + \beta_7 MTB_{i,t} + \beta_8 R\&D_{i,t}$$
$$+ \beta_9 RISK_{i,t} + \beta_{10} REGU_{i,t} + YearDummies$$
$$+ IndutryDummies + \varepsilon_{i,t}. \tag{1}$$

　本章では，従属変数となる経営者報酬を表わす $COMP_{i,t}$ として，2種類の変数を考える。1つは報酬の水準そのもの（報酬額）で，もう1つは報酬の前期から今期への変化分である。報酬の変化分は今期の報酬（$COMP_{i,t}$）から，前期の報酬（$COMP_{i,t-1}$）を引いて計算される。これは，本研究が依拠するNam（2020）が報酬の水準を利用して分析しているのに対し，いくつかの研究では報酬の変化分が利用されているためである（Albuquerque 2009；乙政 2004など）。また，先行研究にしたがい，報酬額には現金報酬（固定報酬＋賞与）を利用する[4]（Nam 2020；井上ほか 2021など）。

　続いて独立変数をみていく。今回の研究は，Nam（2020）に準拠して分析を行なう。そのため，式（1）では，会計指標をベースとした相対的業績評価が利用されているかも分析できる。つまり，自社の ROA（Return on Assets）である $ROA_{i,t}$ と，ピア・グループの ROA である $PEER\_ROA_{i,t}$ が回帰式に組み込まれている。このとき，自社の ROA が正に，ピア・グループの ROA が負に有意な影響を経営者報酬に与えていれば，他社が業績を高めることで自社の報酬が下がるため，他社の ROA と自社の ROA で相対的に業績を評価されていることになる。なぜこのような分析をするかの詳細は省くが，ピア・グループの報酬の変化が自社報酬に影響を与えるのか，それとも ROA の変化が報酬に影響するのかをわける必要がある。続いて，本章で最もみたい変数であ

4　日本企業では，報酬が1億円以上でない限り役員の個別報酬は開示されない。したがって，本章の分析は Nam（2020）を応用してはいるが，個別報酬を利用した Nam（2020）を完全にトレースしてはいない。また，現金報酬を固定報酬と賞与を合算した金額としている。しかし，データベースの制約上，2008年3月決算期から2016年1月決算期までの賞与にはストック・オプションに関する報酬額も含まれている。この点は，本章の利用しているデータの制約となる。

る，ピア・グループの報酬（$PEER\_COMP_{i,t}$）が入る。もし，ピア・グループの報酬が自社の報酬に正の影響を与えるなら，ピア・グループの報酬と自社の報酬は同じ方向に変化している。そのため先ほどの議論から，β_3は正に有意になると予想できる。なお，報酬としては現金報酬の総額を利用する。さらに，自社の株式リターン$RET_{i,t}$とピア・グループの株式リターン$PEER\_RET_{i,t}$が入る。これらは，会計指標による相対的業績評価ではなく，株式指標を利用した相対的業績評価が利用されているかを分析している。上記の重要な変数は，定義を図表8-1にまとめておく。

残りはコントロール変数で，$SALE_{i,t}$は売上高の自然対数になる。また，$MTB_{i,t}$は時価簿価比率，$R\&D_{i,t}$は売上高に対するR&Dへの支出の割合，$RISK_{i,t}$は過去36カ月間のデータで当該企業の株式リターンと業種別株式リターンとの回帰分析によって推定された残差の標準偏差（産業は東証産業分類を利用している），$REGU_{i,t}$は電力会社またはガス会社（規制産業）なら1，そうでなければ0となるダミー変数である。最後に$YearDummies$は年次ダミー，$IndutryDummies$は産業ダミーで，産業ダミーでは東証産業分類を利用している。

（2）ピア・グループ（比較対象企業）の設定

本章では，「日本企業は同業他社の報酬をベンチマークとする傾向にあるか」を確かめる。そのため，「同業他社」になる企業を選定する必要がある。序章で述べているように，ピア・グループの設定は，重要な意味をもつ。本章では，ピア・グループの設定をNam（2020）に準拠する。Nam（2020）は財務報告の比較可能性（Financial Reporting Comparability: FRC）に基づき，アメリカ企業で会計指標による相対的業績評価が利用されているかを統計的に調査した。その結果，FRCと企業規模，産業分類の3つの基準でピア・グループを設定すれば，アメリカ企業で会計指標による相対的業績評価が利用される傾向にあると示された。重要なのは，日本企業では業績評価に会計指標が利用さ

図表 8 - 1 ◇注目する変数一覧

変　　数	定　　義	データソース
$COMP_{i,t}$ （水準）	企業 i の第 t 期の取締役全員（社外取締役を除く）に対する現金報酬の総額の自然対数。	NEEDS-MT 企業基本データ（役員）
$COMP_{i,t}$ （変化）	企業 i の第 $t-1$ 期から第 t 期にかけての取締役全員（社外取締役を除く）に対する現金報酬の総額の変化の自然対数($log(COMP_{i,t}/COMP_{i,t-1})$)。	NEEDS-MT 企業基本データ（役員）
$PEER\_COMP_{i,t}$ （水準）	企業 i の第 t 期におけるピア・グループの $COMP_{i,t}$（水準）の平均。	NEEDS-FinancialQUEST2.0 NEEDS-MT 企業基本データ（役員）
$PEER\_COMP_{i,t}$ （変化）	企業 i の第 t 期におけるピア・グループの $COMP_{i,t}$（変化）の平均。	NEEDS-FinancialQUEST2.0 NEEDS-MT 企業基本データ（役員）
$ROA_{i,t}$（水準）	企業 i の第 t 期の経常利益を第 $t-1$ 期の総資産で割った値。	NEEDS-FinancialQUEST2.0
$ROA_{i,t}$（変化）	企業 i の第 $t-1$ 期から第 t 期の $ROA_{i,t}$（水準）の変化。	NEEDS-FinancialQUEST2.0
$PEER\_ROA_{i,t}$ （水準）	企業 i の第 t 期におけるピア・グループの $ROA_{i,t}$（水準）の平均。	NEEDS-FinancialQUEST2.0
$PEER\_ROA_{i,t}$ （変化）	企業 i の第 t 期におけるピア・グループの $ROA_{i,t}$（変化）の平均。	NEEDS-FinancialQUEST2.0
$RET_{i,t}$	企業 i の第 $t-1$ 期から第 t 期までの株式リターン。	NEEDS-FinancialQUEST2.0
$PEER\_RET_{i,t}$	企業 i の第 t 期におけるピア・グループの $RET_{i,t}$ の平均。	NEEDS-FinancialQUEST2.0

（出所）Hamamura and Inoue（2023, 46, Appendix A）より抜粋して筆者訳

れる傾向にあるという研究成果である（Iwasaki et al. 2018; Xu 1997など）。つまり，日本企業が会計指標を中心に経営者の業績評価を行なっているなら，会計指標を利用した業績評価をより正確に検出できる方法でピア・グループの設定をする必要がある。そのため，Nam（2020）が経営者報酬を分析するのに利

用したFRCは，日本企業の経営者報酬を考えるのに有用だといえる。

　ここでは，De Franco et al.（2011）とNam（2020）を利用して，FRCを計算する。FRCの計算では，まず，2つの企業を取り出す。それらの企業で，株式リターンで結果が反映される経済的なイベントが起きたとき，会計利益にその経済的なイベントがどう影響するかを測り，2つの企業の会計システムの類似性をみている。つまり，ある経済的なイベントが起きれば，その結果が株式リターンとして現われ，その株式リターンで表わされる経済的なイベントが，報告上の利益にどのような結果をもたらすかを企業ごとに測定する。その測定された結果を利用すれば，経済的なイベントが会計利益に与える影響がわかるので，その企業の会計システムを推測できる。そして推測された会計システムの類似性をみることで，会計報告の比較可能性を測定する。

　まず，企業iで，第q期からそれ以前の16四半期（最小12四半期）のデータを利用した式，

$$EARNINGS_{i,q} = \alpha_i + \beta_i RETURN_{i,q} + \varepsilon_{i,q}, \tag{2}$$

を推定すると，企業iの会計システムを測定できる。このとき，$EARNINGS_{i,q}$は第$q-1$四半期の総資産で除した企業iの第q四半期の特別損益控除前利益，$RETURN_{i,q}$は第q四半期の株式リターンである。この分析の結果推定された$\hat{\alpha}_i$と$\hat{\beta}_i$は，企業iの会計システムを表わすパラメータとなる。同様にすると，企業jの会計システムを表わすパラメータ，$\hat{\alpha}_j$と$\hat{\beta}_j$を推定できる。

　つづいて，推定されたパラメータを利用し，経済イベント$RETURN_{i,q}$が企業iに起きたときと，企業jに起きたときでどのような会計利益がでるかの期待値を計算する。つまり，

$$E(EARNINGS)_{i,i,q} = \hat{\alpha}_i + \hat{\beta}_i RETURN_{i,q} \tag{3}$$

$$E(EARNINGS)_{i,j,q} = \hat{\alpha}_j + \hat{\beta}_j RETURN_{i,q} \tag{4}$$

を計算する。これは，同じ経済イベントが起きたとき，そのイベントを反映する会計システムが，最終的な会計利益にどう影響するかを計算している。そして最終的なアウトプットになる会計利益の期待値同士が近いかで FRC を測定する。つまり，

$$FRC_{i,j,q} = -\frac{1}{16} \times \sum_{q-15}^{q} |E(EARNINGS_{i,i,q}) - E(EARNINGS_{i,j,q})|, \tag{5}$$

を計算して求められる。計算される利益同士が近くなればこの指標は 0 に近づくので，$FRC_{i,j,q}$ が大きくなれば，企業 i と j の財務報告の比較可能性は高い。

　ピア・グループの設定では，上のように計算される財務報告の比較可能性，企業規模，産業分類（東証業種分類）を基準にして10社（最低5社）を選択し，それらの企業の報酬や ROA，株式リターンの平均値を利用して $PEER\_COMP_{i,t}$, $PEER\_ROA_{i,t}$, $PEER\_RET_{i,t}$ を計算する。

（3）サンプル

　次に本章で利用するサンプルの説明に入る。本章で対象とするのは，2005年6月から2020年11月の日本の上場企業全社である。ここでは，日経 NEEDS-FiancialQUEST2.0から56,257企業・年データを収集した。まず，NEEDS-MT 企業基本データ（役員）とのマッチングで欠損値となる4,084企業・年を除いた。次に東証業種分類で金融業に属する1,296企業・年を除外した。また，t 年および $t-1$ 年で日本の会計基準を使用していない1,472企業・年を除外した。続いて，会計年度が12カ月でない618企業・年をサンプルから外した。さらに，報酬がゼロ以下の6,372企業・年，債務超過となる207企業・年を除外している。最後に，分析に必要な変数が欠損している企業があるので，報酬水準の分析では10,735企業・年，報酬変化の分析では11,128企業・年のサンプルを除外した。最終的に得られたサンプル・サイズは，報酬水準では31,473企業・年，変化で

第8章　出る杭は打たれる？　日本企業の経営者報酬のベンチマーク　　*157*

は31,080企業・年だった。

　上記の方法でサンプルを収集すると，記述統計は図表 8 - 2 になる。これから，$COMP_{i,t}$（水準）の平均は157.205百万円，中央値は122.000百万円，$COMP_{i,t}$（変化）の平均は0.009，中央値も0.009とわかる。また，$PEER\_COMP_{i,t}$（変化）の平均は0.014，中央値は0.012だった。これらの結果から，日本企業の現金報酬は増加傾向だとわかる。さらに，$ROA_{i,t}$（変化）の平均は負だとわかるが，その中央値と $PEER\_ROA_{i,t}$（変化）の平均と中央値は正だっ

図表 8 - 2 ◇記述統計量

	平均	標準偏差	第1四分位	中央値	第3四分位	n
$COMP_{i,t}$（水準，百万円）	157.205	128.946	71.000	122.000	199.000	31,473
$COMP_{i,t}$（水準，対数変換）	4.764	0.790	4.262	4.804	5.293	31,473
$COMP_{i,t}$（変化）	0.009	0.331	− 0.099	0.009	0.115	31,080
$PEER\_COMP_{i,t}$（水準）	4.744	0.451	4.439	4.736	5.056	31,473
$PEER\_COMP_{i,t}$（変化）	0.014	0.134	− 0.042	0.012	0.068	31,080
$ROA_{i,t}$（水準）	0.055	0.066	0.023	0.048	0.083	31,473
$ROA_{i,t}$（変化）	− 0.000	0.040	− 0.014	0.000	0.013	31,080
$PEER\_ROA_{i,t}$（水準）	0.054	0.039	0.027	0.047	0.075	31,473
$PEER\_ROA_{i,t}$（変化）	0.003	0.015	− 0.004	0.003	0.011	31,080
$RET_{i,t}$	0.089	0.467	− 0.171	0.014	0.239	31,473
$PEER\_RET_{i,t}$	0.104	0.281	− 0.083	0.080	0.253	31,473
$SALE_{i,t}$	10.464	1.620	9.350	10.392	11.540	31,473
$MTB_{i,t}$	1.201	0.835	0.816	0.976	1.248	31,473
$R\&D_{i,t}$	0.012	0.021	0.000	0.002	0.015	31,473
$RISK_{i,t}$	0.092	0.061	0.055	0.075	0.106	31,473
$REGU_{i,t}$	0.005	0.071	0.000	0.000	0.000	31,473

（注）連続変数は，上下 1 ％水準でウィンザライズの処理を行なった
（出所）Hamamura and Inoue（2023, p.54, Table 2 ）より抜粋して筆者訳

た。これは，日本企業の ROA が増加傾向にあることを示している。最後に，$RET_{i,t}$ と $PEER\_RET_{i,t}$ は平均，中央値ともに正だった。これは，日本企業の株価が上昇傾向にあることを示している。

また，相関係数表を図表8-3に示す。

図表8-3◇相関行列

	(1)	(2)	(3)	(4)	(5)	(6)	(7)	(8)	(9)	(10)	(11)	(12)	(13)	(14)	(15)
(1) $COMP_{i,t}$（水準）	1.000														
(2) $COMP_{i,t}$（変化）	0.231	1.000													
(3) $PEER\_COMP_{i,t}$（水準）	0.585	0.042	1.000												
(4) $PEER\_COMP_{i,t}$（変化）	0.057	0.103	0.184	1.000											
(5) $ROA_{i,t}$（水準）	0.240	0.107	0.298	0.091	1.000										
(6) $ROA_{i,t}$（変化）	0.000	0.062	−0.024	0.063	0.284	1.000									
(7) $PEER\_ROA_{i,t}$（水準）	0.225	0.059	0.318	0.142	0.771	−0.050	1.000								
(8) $PEER\_ROA_{i,t}$（変化）	−0.032	0.055	−0.036	0.192	0.094	0.173	0.288	1.000							
(9) $RET_{i,t}$	−0.012	0.094	−0.062	0.063	0.216	0.319	0.109	0.167	1.000						
(10) $PEER\_RET_{i,t}$	−0.086	0.042	−0.110	0.149	0.086	0.101	0.191	0.412	0.412	1.000					
(11) $SALE_{i,t}$	0.673	0.018	0.644	0.009	0.148	0.021	0.078	−0.090	−0.046	−0.162	1.000				
(12) $MTB_{i,t}$	−0.057	0.033	−0.007	0.019	0.278	0.030	0.349	0.101	0.288	0.133	−0.171	1.000			
(13) $R\&D_{i,t}$	0.110	−0.007	0.127	−0.007	−0.087	−0.029	−0.024	0.004	−0.008	−0.018	0.002	0.105	1.000		
(14) $RISK_{i,t}$	−0.308	0.020	−0.271	−0.004	−0.087	0.034	−0.073	0.092	0.211	0.107	−0.356	0.331	0.083	1.000	
(15) $REGU_{i,t}$	0.072	0.006	0.132	−0.004	−0.029	−0.002	−0.054	−0.025	−0.013	−0.026	0.092	−0.020	−0.034	−0.029	1.000

（出所）Hamamura and Inoue（2023, p.55, Table 3 より）を基に筆者訳

これをみると，$COMP_{i,t}$（水準）と $PEER\_COMP_{i,t}$（水準）には正の相関がみられる。つまり，同業他社の報酬水準が高い場合，自社の報酬水準も高い傾向にあるとわかる。この傾向は報酬変化でも同じとなる。さらに，$ROA_{i,t}$（水準）と $PEER\_ROA_{i,t}$（水準）に高い相関（0.771）がある。多重共線性の懸念を確認すると，VIF（Variance Inflation Factors）が10未満なのでその懸念は少ないといえる。

第8章　出る杭は打たれる？　日本企業の経営者報酬のベンチマーク　　*159*

4　分析結果

次に，式（1）を分析した結果を図表8-4にまとめる。

図表8-4◇分析結果

	従属変数			
	報酬水準		報酬変化	
	(1)	(2)	(3)	(4)
$ROA_{i,t}$	0.382***	0.368***	0.136***	0.137***
	(3.044)	(2.978)	(3.225)	(3.298)
$PEER\_ROA_{i,t}$	2.789***	1.943***	− 0.074	− 0.125
	(10.396)	(8.516)	(− 0.500)	(− 0.928)
$PEER\_COMP_{i,t}$		0.226***		0.111***
		(11.223)		(3.791)
$RET_{i,t}$	0.011*	0.028***	0.055***	0.055***
	(1.827)	(4.816)	(6.976)	(6.773)
$PEER\_RET_{i,t}$	− 0.081***	− 0.041**	− 0.009	− 0.014
	(− 3.413)	(− 2.390)	(− 0.648)	(− 1.029)
$SALE_{i,t}$	0.317***	0.282***	0.005	0.005
	(44.902)	(39.796)	(1.279)	(1.324)
$MTB_{i,t}$	0.018*	0.010	0.006*	0.006*
	(1.665)	(0.969)	(1.677)	(1.732)
$R\&D_{i,t}$	3.207***	3.074***	− 0.180	− 0.181
	(6.279)	(6.148)	(− 0.764)	(− 0.776)
$RISK_{i,t}$	− 1.150***	− 1.130***	0.002	0.011
	(− 10.367)	(− 10.477)	(0.040)	(0.193)
$REGU_{i,t}$	0.287***	0.150*	0.006	0.008
	(3.127)	(1.750)	(0.100)	(0.149)

YearDummies	YES	YES	YES	YES
IndustryDummies	YES	YES	YES	YES
Adj. R^2	0.529	0.536	0.033	0.034
n	31,473	31,473	31,080	31,080

(注) 連続変数は，上下 1 ％水準でウィンザライズの処理を行なった。t 値は，括弧内に記載しており，年レベルでクラスター補正された標準誤差に基づいている。*, **, *** はそれぞれ10％，5 ％，1 ％の有意水準（両側検定）を表わす。

(出所) Hamamura and Inoue（2023，p.56 Table 4 より）を基に作成し，筆者訳

　まず，日本企業で相対的業績評価が利用される傾向にあるかを確認する。そうすると，従属変数の報酬が水準か変化かにかかわらず，$ROA_{i,t}$ の係数はいずれの分析でも両側 1 ％水準でプラス有意である（(1) 列〜 (4) 列）。つまり，ROA は利益に正の影響を与えている。対して，報酬水準の分析では $PEER\_ROA_{i,t}$ の係数はいずれも両側 1 ％水準でプラス有意に推定されている（(1) 列・(2) 列）が，報酬変化の分析では $PEER\_ROA_{i,t}$ の係数は有意ではない（(3) 列・(4) 列）。この結果から，蟻川（2004）や乙政（2004），井上ほか（2021）といった先行研究と同様に，やはり日本企業では Nam（2020）が示したような会計指標を使った相対的業績評価が利用されていない傾向にあるとわかる。

　続いて，$PEER\_COMP_{i,t}$ の結果をみる。そうすると，報酬水準と報酬変化のいずれの分析でも，$PEER\_COMP_{i,t}$ の係数が両側 1 ％水準でプラス有意だとわかる（(2) 列・(4) 列）。この結果は，ピア・グループの報酬が自社の経営者報酬に対して正の影響を与えていることを意味する。すなわち，自社の報酬は，ピア・グループの報酬と同じ方向に変化する。これから，日本企業では，平均的に他社の報酬を利用して，自社の報酬を決定している可能性があるといえる。

5 本章のまとめ

　本章では，日本の上場企業を対象に，「日本企業は同業他社の報酬をベンチマークとする傾向にあるのか」を実証的に調査した。その結果，予測と整合的な結果を得ている。この調査で立ち止まって考える必要があるのは，同期間の他社の報酬と経営者報酬に正の関係があることだろう。つまり，なんらかの方法で企業が他社の報酬の情報を得て，自社の報酬を決定するために利用している可能性や，他企業が設定すると考えられる報酬を，なんらかの方法で予想して自社の報酬を決定している可能性がある。この実情は，今回の統計的な分析だけでは解き明かすことができない。そのため，インタビューやアンケートで企業の実情を観察していくことで，この原因をみることができるだろう。しかし，日本企業の有価証券報告書から観察される実務を統計的に分析し，日本企業の報酬設定の傾向を明らかにしたことには価値がある。どの企業も「出る杭は打たれる」ことにはなりたくないと考えているのだろう。

　多くの企業が報酬水準の妥当性を記載するときに，同業他社の水準を考慮していると述べている。これは，「報酬水準の妥当性検証の際に，外部調査機関のデータを用いるなどして業界・規模等の水準を考慮して検討している場合には，その旨を開示すべき」というパブリック・コメントに対して，金融庁が「業界・規模等の水準を考慮して検討している場合には，その旨を記載することが望ましい」と回答しているためだろう[5]。したがって，「出る杭は打たれる」を作り出している原因は制度設計にあるかもしれない。

　加えて，報酬水準の妥当性については，小川（2018）も「報酬水準の妥当性を確保する上で欠かせないものに『他社との比較』があり，『これを報酬ベン

---

[5]　金融庁が2019年3月31日に掲示した「『企業内容等の開示に関する内閣府令の一部を改正する内閣府令（案）』に対するパブリックコメントの概要及びコメントに対する金融庁の考え方（別紙1）」（17頁）より引用した。URL: https://www.fsa.go.jp/news/30/sonota/20190131/01.pdf（最終アクセス：2024年1月24日）

チマーク』という」と述べており，他社の水準が実務的に利用されがちなことを述べている。しかし，この点に関して小川（2018）は「横並び的に，『他社と遜色ない水準』を信奉しつづけることはむしろ弊害の方が大きい」と述べている。

この問題を考えるうえで重要なのは，業界平均と考えられる報酬水準をうまく予想していることである。今回はピア・グループの設定でFRCを利用したため，必ずしも業界平均を使っていないが，自社が対象とする企業群の設定は，報酬ベンチマークを設定するうえで重要な意味をもつ。もし，本章の成果を実務に活かす場合，ピア・グループの設定には慎重になる必要があり，その際には濱村・井上（2022）で紹介されているような成果が役立つだろう。

なお，Hamamura and Inoue（2023）はこのほかに，ピア・グループの設定を変更した場合，前期のピア・グループの報酬を考慮する場合，報酬委員会の有無を考慮する場合を追加分析として考えた。その結果，ここで紹介した結果と整合的な結果を得ている。

（濱村 純平・井上 謙仁）

第9章

日本企業における相対的業績評価の利用度
—テキストベースの業種分類による分析—

1　はじめに

　本章ではテキストベースの業種分類で暗黙的にピア・グループを選択し，日本企業が相対的業績評価を利用しているのかを検討する[1]。経営者の報酬契約に相対的業績評価を利用しているのかは，企業外部の人間に簡単にはわからない。また，開示されていても，その情報の粒度は企業によって異なり，必要な情報が得られるとは限らない。第4章で示されたように，相対的業績評価を利用していると開示している企業はわずかである。そのため，企業外部の人間は相対的業績評価の利用を推しはかることしかできない。もし，経営者の報酬がほかの企業の業績に影響を受けるなら，その企業が相対的業績評価を利用していることの証拠の1つと考えられる。このようなアプローチを暗黙的アプローチという。そこで，本章では日本企業の経営者報酬契約に，相対的業績評価が利用されているのかについて，暗黙的アプローチで検討する。

1　ピア・グループは比較対象企業群をさす。詳細は序章を確認せよ。また，「暗黙的」と「明示的」の違いは，第4章の「本章のまとめ」を参照せよ。

（1）ピア・グループの選択基準

　では，企業はどのような基準でピア・グループを選択しているのだろうか。理論の詳細は第2章を参照してほしいが，基本的には共通のリスクをもつ企業を選択するはずだろう。そういった企業との相対的業績評価では，フィルタリングで共通のリスクを取り除いた経営者の努力を評価できる（Holmström 1982）。つまり，経営者の努力に対して追加的な情報を与えてくれる。一方で，利点のみを追求してピア・グループを選択するとは限らない。すなわち，自分が有利になるようにピア・グループを選択する可能性がある（Gibbons and Murphy 1990）。たとえば，経営者が自分の報酬を最大化するようにピア・グループを選択するかもしれない。相対的業績評価では自身が努力しなくても，他社が自分より業績が低ければ自身の報酬を高めることができる。そのため，ピア・グループに自社よりも業績が低くなりそうな企業を選択すれば，自身の努力を節約しても高い報酬を得ることができる。さらに，相対的業績評価を利用するには競合他社の業績を測定する必要がある。たとえば，自社が経営者を会計基準に基づかない業績指標で評価する場合，ほかの企業がその数値を公開していなければ，比較対象企業の業績指標を計算しないといけないし，公開していても計算式が同じとは限らない。このように，比較対象としたい企業をピア・グループに加えることによる測定コストがベネフィットを上回るなら，ピア・グループから除外される可能性もある。

（2）暗黙的アプローチによるピア・グループの選択基準

　暗黙的なピア・グループ選択の実証研究では，基本的に対象企業と共通のリスクをもちそうな企業群をピア・グループとして選択している。典型的には同業種をピア・グループとして選択する（Antle and Smith 1986; Gibbons and Murphy 1990など）。同じ業種に属している企業同士は同じようなリスクに直面していると考えられるからである。一方で，同業種というだけで共通のリスク

に直面しているとはいえないだろう。Albuquerque（2009）は同業種であることに加えて，企業規模が同程度なことも重要だと示した。以降，成長オプション（Albuquerque 2014），業種・企業規模・株式リターンの変動の相関・多角化の組み合わせ（Bizjak 2021），株式リターンの変動の相関（Bloomfield 2022），財務報告の質（Dierynck and Verriest 2020），後述のテキストベース業種分類（Text-based Network Industry Classifications; 以下，TNIC）（Jayaraman 2021），財務報告の比較可能性（Financial Reporting Comparabilitys; 以下，FRC）（Nam 2020）などさまざまな選択基準が検討されている。

　日本企業を対象にした相対的業績評価の研究として，乙政（2004）や井上ほか（2021）があげられる。乙政（2004）は，会計利益や株式リターンの業種ごとの加重平均値を使い，日本企業で相対的業績評価が確認されるかを分析した。そのため，Albuquerque（2009）と同様に，業種と企業規模をピア・グループの設定基準とみなすことができる。この基準を使った結果，乙政（2004）はHolmström（1982）型の相対的業績評価に株式リターンが利用されているという証拠を得ている。一方，会計利益を使った相対的業績評価は観察されなかった。井上ほか（2021）では Nam（2020）を追試することで，会計利益を使った相対的業績評価が日本企業で観察されるのかを分析した。しかし，業種，企業規模，FRC というピア・グループの選択基準を使っても，日本企業がHolmström（1982）型の相対的業績評価で会計利益を利用している証拠は得られなかった。中村（2020）による実態調査によれば，多数の上場企業で業績連動報酬に会計情報が利用されている。そのため，日本の経営者報酬契約で，会計指標を使った相対的業績評価が利用されている可能性もある。しかし，乙政（2004）や井上ほか（2021）は，会計利益が相対的業績評価に利用されている証拠を確認できなかった。

　実際に企業がどのような基準でピア・グループを選択しているのかは企業外部の人間からは観察不可能なので，単一の研究報告をもってピア・グループ選択に関する結論を下すことはできない。暗黙的アプローチでは，さまざまな選択基準を検討することで，多面的にピア・グループ選択の議論を蓄積する必要

がある。とくに，業種分類はピア・グループの選択基準としてはメジャーで，もっともらしい選択基準の1つである。そのため，日本企業を対象とした研究でも検討されている。一方で，どの業種分類を使うかは検討の余地がある。

たとえば，多くの研究で利用されている業種分類はアメリカでは Standard Industrial Classification（SIC），日本では東証業種分類や日経業種分類といった伝統的な業種分類である。SIC や東証業種分類や日経業種分類といった伝統的な業種分類はいくつかの問題点が指摘されている（Hoberg and Phillips 2016）。まず，これらの業種分類は時間の経過とともに変更されることがあまりない。つまり，最初に決定された業種から変更されることがほとんどない。次に，同じ業種に含められた企業はすべてライバルだと判断される点である。A社とB社が同業種で，B社とC社が同業種である場合，A社とC社も同業種だと判断される。一方で，実務的にはA社とC社が同じ市場で競争しているとは限らない。たとえば，富士フイルムホールディングスはカメラ，医薬品，化粧品など幅広く製品を展開している。カメラ事業に取り組むすべての企業が同じようにこれらの事業を展開しているとは限らない。カメラを生産するという意味でニコンは競争関係にあるといえるだろう。一方で，ニコンは医薬品や化粧品事業は行なっていない。つまり，富士フイルムホールディングスにとって医薬品や化粧品事業を行なう企業もライバルと考えられるが，それらの企業はニコンにとってライバルではないだろう[2]。

これらの問題点を解決するために，Hoberg and Phillips（2016）はアメリカ企業の Form 10-K の事業説明セクションのテキストを利用し，企業間の製品の類似度から業種分類を行なうことを提案している。この分類方法を TNIC とよぶ。TNIC では，毎年の報告書をもとに分類が行なわれるため，報告書の内容が変われば同業種企業も変わる可能性がある。さらに，企業ごとに同業種企業が決定されるため，A社の同業種企業にB社は含まれるがC社は含まれな

---

[2] そもそも，富士フイルムホールディングスは東証業種分類では化学に分類されるが，ニコンは精密機器である。また，東証業種分類には医薬品という分類もある。このように，既存の業種分類の方法では実際の競争関係を適切に表現できない場合がある。

い一方，B社の同業種企業にA社もC社も含まれる状況を表現できる。さらに，このTNICの業種分類が伝統的な業種分類よりも，業種間の区別が明確なことを報告している。日本企業のTNICは吉田ほか（2023）の追試で実施されており，Hoberg and Phillips（2016）と同様の結果が得られている。加えて，吉田ほか（2023）では，TNICが伝統的な業種分類よりも利益率の業種内の分散が小さいことを報告している。これは，伝統的な分類に比べてTNICのほうが，より同業種内のリスクが共通していることを示唆している。TNICで同一の業種に属する企業は類似した事業を展開しているとみなすことができるため，伝統的な業種分類よりも共通するリスクの程度が大きいといえる。

　TNICはピア・グループ選択の研究でも注目されている。Jayaraman et al.（2021）はTNICによるピア・グループの選択を検証しており，Bizjak et al.（2021），Bloomfield et al.（2022）でも検討対象とされている。一方で，日本企業を対象とした研究ではまだほとんど採用されていない。

　そこで，本章ではTNICをピア・グループの選択基準としたときに会計利益を使った相対的業績評価が観察されるかを検証する。ただし，ピア・グループの設定基準で考慮する項目は業種だけでは不十分で，企業規模や比較可能性のようなほかの項目も考慮する必要がある（Albuquerque 2009; Nam 2020など）。Nam（2020）や井上ほか（2021）では業種，FRC，企業規模の3項目をピア・グループの選択基準に採用し分析を行なっている。一方で，井上ほか（2021）ではNam（2020）とは異なり，会計利益による相対的業績評価を行なっている証拠はみつけられなかった。しかし，その分析で使われた業種分類は伝統的な分類だった。そこで，本章ではNam（2020），井上ほか（2021）を基に，業種分類にTNICを採用したときに，会計利益を使った相対的業績評価が観察されるかを検証する。すなわち，以下のリサーチ・クエスチョン（RQ）を設定して実証分析を行なう。

RQ：ピア・グループの選択基準としてTNIC，FRC，企業規模を採用した場合に，会計利益を使った相対的業績評価が日本企業で観察されるのか。

168 第Ⅲ部 日本企業の経営者報酬契約に関する実証研究

2 分析方法とデータ

（1）分析モデル

本分析では，先述の RQ を下記の式（1）に基づいて分析する。

$$COMP_{i,t} = \beta_0 + \beta_1 ROA_{i,t} + \beta_2 PEER\_ROA_{i,t} + \beta_3 RET_{i,t} + \beta_4 PEER\_RET_{i,t}$$
$$+ \beta_5 SALE_{i,t} + \beta_6 MTB_{i,t} + \beta_7 R\&D_{i,t} + \beta_8 RISK_{i,t} + \beta_9 REGU_{i,t}$$
$$+ YearDummies + \varepsilon_{i,t}. \tag{1}$$

ここで，式（1）の従属変数$\Delta COMP_{i,t}$は企業iの第t期における取締役（社外取締役を除く）に対する経営者報酬の現金報酬（固定報酬＋賞与）の自然対数である。先行研究は報酬の総額そのものではなく，対数変化を利用しているため，本章でもそれにしたがっている（Alburquerque 2009; Nam 2020; Jayaraman et al. 2021など）。一方，独立変数の$ROA_{i,t}$は企業iの第t期の総資産経常利益率を示している。もし自社の利益率と自社の報酬に正の関係があるなら，$ROA_{i,t}$の係数であるβ_1はプラス有意に推定されるだろう。さらに，会計利益を使った相対的業績評価を観測するための変数は$PEER\_ROA_{i,t}$である。この$PEER\_ROA_{i,t}$は，企業iの第t期にピア・グループ企業として選択された企業の第t期での総資産経常利益率の平均値である。Holmström（1982）型の相対的業績評価が日本企業の会計利益で観察されるのなら，ピア・グループの利益率と自社の報酬にはマイナスの関係が見出される。その場合，$PEER\_ROA_{i,t}$の係数であるβ_2はマイナス有意に推定される。

本章の分析で使うピア・グループは TNIC[3]，企業規模，FRC を組み合わせている。ピア・グループの選択手順は次のとおりである。まず，対象企業の企業・年ごとに同業他社が20企業以上の場合に絞る。次に，対象企業との間のFRC[4]が四分位で最上位に属している企業を選択する。最後に，対象企業と企

業規模が近似している企業10社（最低5社）をピア・グループとする。なお，結果を比較するために，TNIC と FRC のみを基準とするピア・グループと TNIC と企業規模のみを基準とするピア・グループも作成した。

コントロール変数は次のとおりである。先行研究では，自社の株式リターンと自社報酬には正の関係があり，また他社の株式リターンと自社の報酬にはマイナスの関係が報告されている（乙政 2004；Albuquerque 2009など）。その影響をコントロールするために，式（1）には自社の年次株式リターンを示す $RET_{i,t}$ と，ピア・グループの年次株式リターンを示す $PEER\_RET_{i,t}$ を含めている。加えて，Albuquerque（2009）や Nam（2020）を参考に，$SALE_{i,t}$，$MTB_{i,t}$，$R\&D_{i,t}$，$RISK_{i,t}$，$REGU_{i,t}$ もコントロール変数として採用している。さらに，年度の効果をコントロールするために Jayaraman et al.（2021）にならい，年度ダミーを採用する。詳細な変数の定義を図表9-1に示しておく。

（2）データと記述統計

分析対象は，2006年3月年次決算期から2022年3月年次決算期までの日本企業（上場企業）である[5]。このうち，日経業種分類で金融業に属する企業，日本基準以外の会計基準を適用している企業，t 期，$t-1$ 期で決算月数が12カ月でない企業・年と，分析に必要な変数に欠損値が存在する企業・年を除外する。以上の要件から，本分析で使用するサンプルは23,288企業・年となる。なお，財務データ（連結データ，なければ単独データ）と株価データは NEEDS-FinancialQUEST2.0，経営者報酬データは NEEDS-MT 企業基本データ（役員）

3　具体的な TNIC の推定方法は吉田ほか（2023）を参照されたい。なお，TNIC はペアの数が日経業種中分類と同一になるように設定されている。

4　FRC の作成方法は第8章と同様であるため，詳細な記述は省略する。

5　eol から取得できた TNIC の作成のためのテキストファイルは2004年3月年次決算期からである。TNIC は4月はじまり3月おわりの年度ごとに計算される。さらに，$RISK_{i,t}$ の計算には過去36カ月分の株価データが必要となる。そのため，2004年3月から36カ月後の2006年3月年次決算期が分析期間の開始となる。

170　第Ⅲ部　日本企業の経営者報酬契約に関する実証研究

図表9-1◇注目する変数一覧

変　数	定　義	データソース
$COMP_{i,t}$	企業 i の t 期の取締役（社外取締役を除く）に対する現金報酬の自然対数。	NEEDS-MT 企業基本デー タ（役員）
$ROA_{i,t}$	企業 i の t 期の総資産経常利益率 [t 期の経常利益／$t-1$ 期末の総資産]。	NEEDS-FinancialQUEST2.0
$PEER\_ROA_{i,t}$	企業 i の t 期においてピア・グループとして選択された企業の t 期での総資産経常利益率の平均値。	NEEDS-FinancialQUEST2.0, eol
$RET_{i,t}$	企業 i の $t-1$ 期末から t 期末にかけての株式リターン。	NEEDS-FinancialQUEST2.0
$PEER\_RET_{i,t}$	企業 i の t 期においてピア・グループと選択された企業の $t-1$ 期末から t 期末にかけての株式リターンの平均値。	NEEDS-FinancialQUEST2.0, eol
$SALE_{i,t}$	企業 i の t 期の売上高の自然対数。	NEEDS-FinancialQUEST2.0
$MTB_{i,t}$	企業 i の t 期末の時価簿価比率 [t 期末時点の時価総額／t 期末の自己資本]。	NEEDS-FinancialQUEST2.0
$R\&D_{i,t}$	企業 i の t 期の研究開発費を企業 i の t 期末の総資産で除したもの。	NEEDS-FinancialQUEST2.0
$RISK_{i,t}$	企業 i の t 期末から過去36カ月のデータで推定される同一の TNIC 全社の株式リターンを企業単位の株式リターンに回帰して推定された残差の標準偏差。	NEEDS-FinancialQUEST2.0
$REGU_{i,t}$	企業 i が t 期に電力・ガス業（日経業種中分類の67と69）に属する企業なら1，そうでないなら0をとるダミー変数。	NEEDS-FinancialQUEST2.0

（出所）筆者作成

（いずれのデータベースも㈱日本経済新聞社），TNIC の推定に必要なテキストデータはプロネクサス社の eol から取得している。

　図表9-2は分析で使用する変数の記述統計量を示している。まず，$COMP_{i,t}$（百万円）から日本企業の経営者報酬の平均値（中央値）が約 1 億4,693万円（約 1 億1,800万円）とわかる。次に，$ROA_{i,t}$ の平均値（中央値）が約4.9%（約4.4%）と計算されている。また，3 つの $PEER\_ROA_{i,t}$ の平均値（中央値）

は約4.9％〜約5.2％（約4.3％〜5.2％）と示されており，ピア・グループの選択基準が異なっていても $PEER\_ROA_{i,t}$ の値はそれほど相違していないことがわかる。

図表9-3は各変数間の相関係数を示している。ここから，$COMP_{i,t}$ と

図表9-2◇記述統計量

	平均	標準偏差	第1 四分位点	中央値	第3 四分位点
$COMP_{i,t}$（百万円）	146.929	113.623	70.000	118.000	185.000
$COMP_{i,t}$（対数）	4.723	0.756	4.248	4.770	5.220
$ROA_{i,t}$	0.049	0.057	0.020	0.044	0.076
$PEER\_ROA_{i,t}$ （TNIC・規模・FRC）	0.049	0.033	0.025	0.043	0.071
$PEER\_ROA_{i,t}$ （TNIC・FRC）	0.050	0.038	0.024	0.044	0.073
$PEER\_ROA_{i,t}$ （TNIC・規模）	0.052	0.023	0.037	0.052	0.067
$RET_{i,t}$	0.096	0.407	-0.140	0.024	0.233
$PEER\_RET_{i,t}$ （TNIC・規模・FRC）	0.106	0.225	-0.056	0.096	0.246
$PEER\_RET_{i,t}$ （TNIC・FRC）	0.112	0.226	-0.051	0.101	0.257
$PEER\_RET_{i,t}$ （TNIC・規模）	0.109	0.228	-0.046	0.098	0.243
$SALE_{i,t}$	10.418	1.485	9.430	10.354	11.354
$MTB_{i,t}$	1.229	1.334	0.557	0.835	1.349
$R\&D_{i,t}$	0.011	0.019	0.000	0.002	0.013
$RISK_{i,t}$	0.087	0.055	0.054	0.073	0.102
$REGU_{i,t}$	0.010	0.099	0.000	0.000	0.000

(注）すべての連続変数に，上下1％水準においてウィンザライズ（winsorise）の処理が実施されている
(出所）筆者作成

172 第Ⅲ部 日本企業の経営者報酬契約に関する実証研究

図表 9-3◇ピアソンの積率相関係数

		(1)	(2)	(3)	(4)	(5)	(6)	(7)
(1)	$COMP_{i,t}$	1.000						
(2)	$ROA_{i,t}$	0.289	1.000					
(3)	$PEER\_ROA_{i,t}$ (TNIC・規模・FRC)	0.321	0.777	1.000				
(4)	$PEER\_ROA_{i,t}$ (TNIC・FRC)	0.313	0.800	0.945	1.000			
(5)	$PEER\_ROA_{i,t}$ (TNIC・規模)	0.336	0.252	0.358	0.326	1.000		
(6)	$RET_{i,t}$	−0.014	0.179	0.042	0.046	−0.039	1.000	
(7)	$PEER\_RET_{i,t}$ (TNIC・規模・FRC)	−0.032	0.045	0.086	0.060	−0.011	0.382	1.000
(8)	$PEER\_RET_{i,t}$ (TNIC・FRC)	0.003	0.072	0.094	0.116	0.025	0.384	0.799
(9)	$PEER\_RET_{i,t}$ (TNIC・規模)	−0.101	−0.048	−0.053	−0.056	0.035	0.379	0.730
(10)	$SALE_{i,t}$	0.653	0.192	0.187	0.175	0.387	−0.027	−0.072
(11)	$MTB_{i,t}$	−0.075	0.135	0.172	0.144	0.084	0.255	0.089
(12)	$R\&D_{i,t}$	0.119	0.011	0.050	0.041	0.060	−0.003	−0.021
(13)	$RISK_{i,t}$	−0.268	−0.072	−0.116	−0.123	−0.121	0.215	0.050
(14)	$REGU_{i,t}$	0.103	−0.038	−0.044	−0.048	0.033	−0.025	−0.023

		(8)	(9)	(10)	(11)	(12)	(13)	(14)
(8)	$PEER\_RET_{i,t}$ (TNIC・FRC)	1.000						
(9)	$PEER\_RET_{i,t}$ (TNIC・規模)	0.661	1.000					
(10)	$SALE_{i,t}$	−0.029	−0.135	1.000				
(11)	$MTB_{i,t}$	0.127	0.054	−0.103	1.000			
(12)	$R\&D_{i,t}$	−0.003	−0.029	0.000	0.064	1.000		
(13)	$RISK_{i,t}$	0.059	0.064	−0.276	0.339	0.078	1.000	
(14)	$REGU_{i,t}$	−0.025	−0.021	0.145	−0.031	−0.049	−0.053	1.000

（出所）筆者作成

$ROA_{i,t}$にはプラスの相関があるとわかる。これは利益率の水準が高いときに報酬の水準が高いことを示している。さらに，ピア・グループの選択基準がいずれの場合も，$COMP_{i,t}$と$PEER\_ROA_{i,t}$にはプラスの相関が示される。これらのピア・グループの業績がHolmström（1982）型の相対的業績評価に利用されていない可能性が示されている。

3 分析結果

　図表 9 - 4 は式（1）の推定結果を示している。$ROA_{i,t}$は（1）列，（4）列では 1 ％水準で有意で，係数は正だった。これは，当期の利益率が報酬水準と関連していることを意味している。一方で，（2）列では10％水準で有意，（3）列では有意ではなかった。以上から，（1）列，図表 9 - 3 の相関行列との結果と合わせて考えると，TNIC と FRC を基準にピア・グループ選択を行なった場合，自社と他社との利益率は関連性がかなり高くなり，自社の報酬水準が他社の利益率のみに関連しているようにみえる結果となったのかもしれない。

　会計利益を利用した相対的業績評価は$PEER\_ROA_{i,t}$で確認できる。そうすると，（2）から（4）列のすべてで， 1 ％水準で有意であり，係数は正（それぞれ4.291, 3.583, 2.361）だった。この結果は，他社の利益率が高いときに自社の報酬水準も高くなることを意味しており，Holmström（1982）の示す相対的業績評価の想定とは反対である。これは乙政（2004）や井上ほか（2021），本書の第 8 章と同様の結果である。乙政（2004）や井上ほか（2021），本書の第 8 章が指摘するように，日本企業では自社の報酬水準を他社の報酬水準に合わせている可能性がある。すなわち，他社の利益率の増加は他社の報酬の増加につながる。日本企業はそれに合わせて自社の報酬を増加させているかもしれない。

図表 9 - 4 ◇式 (1) の推定結果

	ピア・グループの選択基準 ($PEER\_ROA_{i,t}$, $PEER\_RET_{i,t}$)			
	なし	TNIC・FRC・ 規模	TNIC・FRC	TNIC・規模
	(1)	(2)	(3)	(4)
$ROA_{i,t}$	2.266***	0.428*	0.385	2.097***
	(10.791)	(2.018)	(1.542)	(10.020)
$PEER\_ROA_{i,t}$		4.291***	3.583***	2.361***
		(13.699)	(11.857)	(6.670)
$RET_{i,t}$	− 0.031***	0.016***	0.010*	− 0.009*
	(− 5.090)	(3.261)	(1.804)	(− 1.900)
$PEER\_RET_{i,t}$		− 0.141***	− 0.102***	− 0.201***
		(− 2.953)	(− 3.135)	(− 3.774)
$SALE_{i,t}$	0.300***	0.295***	0.298***	0.283***
	(34.401)	(33.668)	(33.684)	(30.843)
$MTB_{i,t}$	− 0.004	− 0.014	− 0.010	− 0.008
	(− 0.468)	(− 1.732)	(− 1.247)	(− 0.995)
$R\&D_{i,t}$	5.073***	4.744***	4.836***	4.870***
	(8.932)	(8.355)	(8.444)	(8.607)
$RISK_{i,t}$	− 1.320***	− 1.179***	− 1.169***	− 1.306***
	(− 8.842)	(− 8.157)	(− 8.204)	(− 8.831)
$REGU_{i,t}$	0.188**	0.217***	0.217***	0.197***
	(2.912)	(3.295)	(3.306)	(3.072)
$YearDummies$	YES	YES	YES	YES
観測値	23,288	23,288	23,288	23,288
自由度調整済 決定係数	0.481	0.493	0.492	0.486

(注) *：両側10％有意，**：両側 5 ％有意，***：両側 1 ％有意。( ) の数値は t 値である。t 値は，年度と企業に対してクラスター補正を行なった標準誤差に基づいて計算されている

(出所) 筆者作成

4 本章のまとめ

　本章では，日本企業が経営者報酬契約で会計利益を使った相対的業績評価を実施しているのかを検証した。アメリカの先行研究では，他社の会計利益が相対的業績評価に利用されていることが実証されているものの，日本のデータを使った追試では反対の結果が得られている。ただし，これらの研究はピア・グループの選択について暗黙的なアプローチをとっている。つまり，日本企業が相対的業績評価を利用していないのか，研究者がピア・グループの選択を間違えているのかは区別できない。そこで，本章ではピア・グループの選択基準として，TNIC と FRC と企業規模を利用した場合，会計利益を利用した Holmström（1982）型の相対的業績評価が日本企業で観察されるのかを分析した。本章の結果，TNIC と FRC と企業規模の選択基準を利用したとしても，日本企業では会計利益を使った相対的業績評価が観察されないことが示された。この結果は日本企業を対象とした先行研究と同様の結果であり，会計利益を利用した相対的業績評価についての結果が頑健なことを示している。

　本章の結果は日本企業の経営者に対する業績評価で，類似企業と共通の事業環境における不確実性が除去されておらず，契約の効率性が低い可能性を示唆している。日本固有の要因で相対的業績評価の実施コストが高い可能性もあるが，そうでなければ改善の余地があるだろう。

（井上　謙仁・吉田　政之・早川　翔）

第10章

幸運と報酬
―日本における証拠―

---

1 はじめに

　経営者に支払われる報酬が，幸運（luck）に左右されることはあるだろうか。ここで幸運とは，企業パフォーマンス（業績）のうち経営者の行動や努力で変化しない部分をさす（Bertrand and Mullainathan 2001）。経営者が直面する幸運の例として，為替や石油価格の変化などがある。これらは，企業パフォーマンスに影響する可能性があり，株主や経営者には観察可能である。ところが，経営者は行動や努力を通じて，これらの要素に影響を与えることは難しいだろう。

　第2節で議論するように，幸運に対して報酬が支払われることは，いくつかの点から望ましくないと考えられる[1]。なぜなら，幸運に対して報酬が支払われても，株主価値を改善する行動や努力を経営者から引き出すことはできないからである。また，幸運に対して報酬が支払われると，その報酬契約の分散

---

[1]　この命題は，管理会計における管理可能性原則（Controllability Principle: Antle and Demski 1988）と類似していると考えられる。ただし，第2章で紹介したように，経営者がいかに努力したかに対して追加的な情報を提供するなら，業績評価に自身が管理できない指標を追加することも有効である。

178　第Ⅲ部　日本企業の経営者報酬契約に関する実証研究

（リスク）が高まるため，スキルのある経営者を雇用することが困難になる。これらが理由となって，株主と経営者の両者からみて，企業パフォーマンスから観察可能な幸運の要素を差し引いた部分に基づいて経営者を評価する報酬契約を結ぶことが望ましい。

　ところが，実際には経営者報酬は幸運に依存することが知られている。この発見は，観察可能な幸運に対して株主は報酬を支払わないはずだという予想と矛盾する。そのため，諸外国（主にアメリカ）で行なわれた多くの研究では，幸運に対して報酬が支払われている理由を説明する試みがなされてきた。

　本章では，日本企業を対象に，幸運に対する報酬が支払われているのかを再検証する。日本と諸外国では，報酬の構造やコーポレート・ガバナンスの特徴が大きく異なることが知られている。このような環境の差異があっても日本でも幸運に対する報酬は存在するだろうか。本章では詳細なメカニズムを検証できないが，その代わりに，得られた結果に基づいて将来の研究の可能性を議論する。

2 　理論的予想

（1）なぜ幸運に対して報酬が支払われるべきではないのか

　はじめに，Bertrand and Mullainathan（2001）のモデルを概観する。観察可能な幸運が存在する場合に株主にとって望ましい報酬契約の構造はどうなるのか，その理論的予想を説明する。

　経営者報酬を決定する際に参照される企業パフォーマンス $perf_{it}$ が，経営者自身の行動や努力 a_{it} とそれ以外のランダムな要素で決まると想定する。このランダムな要素は経営者の行動 a_{it} と独立で，経営者がコントロールできない要素だとみなされる。つまり，この要素が企業パフォーマンスでの幸運を表わす。さらに，このランダムな要素は株主に観察される部分（o_{it}）と観察されな

い部分（u_{it}）にわかれる。この要素を2つにわけ，観察される部分が業績に反映される係数（感応度）をδとしたとき，株主は企業パフォーマンスが，

$$perf_{it} = a_{it} + \delta o_{it} + u_{it}, \tag{1}$$

と構成されると想定できる。このとき，株主が経営者報酬と連動させたいのは経営者の行動a_{it}である。これにより，経営者が株主の利得のために努力するインセンティブが引き出されるからである。しかし，式（1）では，企業パフォーマンスから，観察できないランダムな要素を完全に除外できないと想定されている。すなわち，企業パフォーマンスから観察可能な幸運の要素（δo_{it}）を除いた次の指標に基づいて，経営者の行動を株主は評価する。

$$a_{it} + u_{it} = perf_{it} - \delta o_{it}. \tag{2}$$

　ここで，経営者の効用がCARA（Constant Absolute Risk Aversion）型で，企業パフォーマンスがブラウン運動に従うと仮定する。すると，Holmstrom and Milgrom（1987）の定理から，株主にとって最適な経営者報酬は次の線形インセンティブ構造s_{it}で与えられる。

$$s_{it} = \beta(perf_{it} - \delta o_{it}) = \alpha + \beta(a_{it} + u_{it}). \tag{3}$$

つまり，最適なインセンティブ構造s_{it}は，企業パフォーマンス（$perf_{it}$）から観察可能な幸運（δo_{it}）を除いた部分（$perf_{it} - \delta o_{it}$または$a_{it} + u_{it}$）について線形となる。いい換えると，株主は観察可能な幸運の要素に対して報酬を支払わないことで，効率的な報酬構造を実現できる。このモデルからは，幸運に対する報酬は観察されないことが予想されるのである。

　Bertrand and Mullainathan（2001）は，この線形報酬が最適な構造である理由を直観的に次のように説明している。第1に，もし観察可能な幸運に対し

て報酬が支払われていても，その報酬は経営者のインセンティブを変化させることができない。第2に，観察可能な幸運が含まれる報酬は分散（リスク）が高くなり，満足な能力を有する経営者と株主が契約を結べる確率が下がる。つまり，経営者と株主の両者にとって，観察可能な幸運を企業パフォーマンスから除くことが望ましい報酬契約になりうるのである。

（2）実証的な証拠

しかし，実際には観察可能な幸運に対して経営者報酬が支払われている実証的な証拠が蓄積されている。その嚆矢がBertrand and Mullainathan（2001）である。彼らは，調査対象とした17年間のうちの12年で，石油価格とアメリカの石油企業の報酬はともに増加，あるいは，ともに減少していると明らかにしている。さらに，大規模な報酬のデータを使い，企業のパフォーマンスのうち為替の変動を反映した要素と報酬との間にも相関が存在することを発見した。これらの発見は，報酬の一部が幸運で決定されるという仮説と整合する。

これ以降も多くの実証的な証拠が蓄積されているが，幸運に対する報酬が存在することには異論がみられない（Edmans et al. 2017, Section 4.2）。なかでも代表的な研究として，Bebchuk and Fried（2003），Garvey and Milbourn（2006），Bizjak et al.（2008），Daniel et al.（2020）などがあげられる。これらの研究から，前項で議論した理論モデルが提示する最適な報酬構造とは異なる形で，実際には報酬が支払われていることが示唆されている。

このような理論的予想と実証的証拠のギャップを起点として，幸運に対して報酬が支払われるメカニズムの解明が試みられてきた。それらの研究では，次の2つの仮説が主に検証されてきた[2]。第1に，経営者によるレント収奪（rent extraction）仮説とよばれる説明である。これは，経営者自身が報酬構造を決定するために，幸運に対して報酬が支払われているという説明である。経営者

---

2 以下の2つの仮説の呼称はEdmans et al.（2017）に従った。

への適切なインセンティブの付与や外部からのモニタリングが不十分な場合には，経営者が自身の報酬構造を決定する状況が生じる。具体的には，自身に都合のいい人物を報酬の決定に関わる取締役に任命する可能性などがあげられる。経営者が報酬構造を自身で都合よく設定できるなら，自身の努力とは関連しない幸運に対する報酬を獲得しようとするだろう。

この仮説を支持する証拠は，以下の2つの研究群から得られている。1つは，コーポレート・ガバナンスの特徴と幸運に対する報酬の関係に注目する研究である。たとえば，Bertrand and Mullainathan（2001）は，経営者と株主の利害が結びついているほど，幸運に対する報酬が少ないことを報告している。もう1つは，幸運と不運に対する報酬の非対称性に注目する研究である。たとえば，Garvey and Milbourn（2006）は，もし経営者が自身の報酬構造を設定しているなら，幸運に対する報酬を獲得しようとするのに対して，不運に対する懲罰（punishment）を避けると予想している。彼らは，このような幸運に対する経営者報酬の非対称性が，レント収奪仮説と整合する証拠として解釈できると説明している[3]。

第2に，株主価値（shareholder value）仮説とよばれる説明がある。これは，株主と経営者との間の最適な報酬構造の帰結として，幸運に対する報酬が支払われているという議論である[4]。この株主価値仮説から，幸運に対する報酬が非対称である証拠を説明する研究も存在する。たとえば，Bizjak et al.（2008）は経営者報酬が同業他社の経営者報酬をベンチマークとして決定されることで，この非対称性が観察されると明らかにしている。このベンチマークは，価値の高い人的資本を社内に留めておくために必要な報酬の水準（留保賃金や外部オ

---

[3] ただし，幸福に対する報酬が非対称だという発見の頑健性には疑義があるという議論も存在する。そのため，これらの証拠の評価には十分な留意が必要である（Daniel et al. 2020）。

[4] 報酬とは異なる文脈だが，Jenter and Kannan（2015）は，不運として捉えられる産業レベルやマクロ経済レベルのネガティブショック（不運）が生じている場合に，経営者交代が生じやすいことを明らかにしている。この発見は，経営者は自身の不運について，交代という形式で懲罰を受けていることを示唆しており，幸運に対する報酬が非対称だという発見と異なる証拠である。

プション）を示している。ベンチマークが上昇すると，自社のパフォーマンスが悪い場合でも同業他社と同水準の報酬を維持する必要がある。ほかにも，幸運に対する報酬は，直面した幸運に対して経営者が適切な行動をとったことの対価（pay for action）だという議論もある（Gopalan et al. 2010; Axelson and Baliga 2008）。この実証的な証拠として，Albuquerque et al.（2023）があげられる。彼らは，企業が保有する不動産の価格の下落を外生的なショックと想定し，このショックに対して経営者が企業価値を改善する行動をとっている場合に報酬が支払われていることを発見した。

（3）検証課題

本章では，日本の上場企業のデータにより，経営者報酬と幸運を原因とする企業パフォーマンスの変化が相関しているのかを検証する。加えて，幸運への報酬が非対称なのかを検証する。

日本でこれらの課題を検証するのは，次のような2つの制度的特性から幸運に対する報酬の存在や，そのメカニズムが諸外国と異なる可能性があるからである。第1に，経営者報酬の構造である。Pan and Zhou（2018）は，アメリカ企業と比較して，日本企業の経営者報酬は，給与のような固定的な報酬の割合が高く，企業パフォーマンスに対する報酬の感応度が低いことを指摘している。この発見をふまえると，幸運により企業パフォーマンスが変動する状況が生じても，日本企業では幸運を反映した企業パフォーマンスの要素が，報酬に反映されにくいかもしれない。

第2に，日本のコーポレート・ガバナンスの特徴である。日本企業での報酬がいくつかのコーポレート・ガバナンスの特徴と関連していることがこれまでに明らかにされてきた（Basu et al. 2007; Pan and Zhou 2018など）。しかし，それらの特徴と幸運に対する報酬との関係は検討されていない。たとえば，日本企業では，企業間の株式の持ち合いによって，経営者に対する株主からのモニタリングが弱いと説明されることがある（Ikeda et al. 2018）。レント収奪仮説

に基づくと，経営者に対するモニタリングが不十分なら，経営者は幸運に対してより報酬を受け取ることができ，不運による懲罰を回避しようとするだろう。

また，日本では，資金調達とモニタリングで，債権者，とくに銀行が重要な役割を果たしているとされている（蟻川・宮島 2015）。債権者に対するペイオフは，上限が企業からの利息の支払いであり，企業が利息の支払いができない状況では線形に減少する（Black and Scholes 1973; Jensen and Meckling 1976; Merton 1973）[5]。そのため，彼らは利息や元本が返済されないことを示唆する，パフォーマンスの下方リスクに関心をもつと考えられる。もし債権者が企業パフォーマンスの下方リスクにのみ関心をもつなら，銀行のモニタリングが強い状況では，パフォーマンスを悪化させた経営者に対する懲罰が課される可能性がある。実際，Kaplan（1994）は，アメリカ企業と比較して，日本企業では，経営者交代の確率及び報酬の利益に対する感応度が，利益が負の場合により高いことを明らかにしている。また，利益が負のとき，金融機関出身の取締役である銀行選任役員が選任される確率が高いことを発見している。彼はこれらの証拠をふまえて，日本企業では債権者によるモニタリングが，経営者交代や報酬に重要な影響を与えていると議論している。債権者には企業パフォーマンスの悪化そのものが重要であり，企業パフォーマンスが悪化した原因が経営者の能力と不運のどちらに帰するのかは問題にならないかもしれない。幸運（不運）に対する報酬のあり方を観察するうえでも，このような銀行によるモニタリングは重要になりうる。

本章では詳細なメカニズムを検証しないが，日本企業を対象に幸運が報酬に反映されるかを再検証することで，興味深い結果が得られる可能性がある。以下ではこれまでの研究に倣った方法により，日本企業を対象に「幸運に対する報酬」を再検証する。

5　これを実証する研究として，社債権者が利益の悪化にのみ反応するという証拠や，債権者がより強いモニタリングを行なっている企業ではリスクの高い投資が回避されるという証拠が蓄積されている（Ciftci and Darrough 2016; DeFond and Zhang 2014; Easton et al. 2009; Kothari et al. 2010）。

184 第Ⅲ部 日本企業の経営者報酬契約に関する実証研究

3 リサーチ・デザイン

（1）報酬と変数のデータ

　企業の取締役会の構造や報酬についてのデータはNEEDS企業基本データ（役員データ）から取得する。日本では，取締役個人の報酬は，特定の条件を満たす場合を除いて公開されていない。そこで，本章では，社内取締役への報酬総額を社内取締役人数で割り，1人当たりの報酬額として分析に利用する。

　ただし，社内取締役1人当たりの報酬額を使った分析には，注意すべき点がいくつかある。まず，社内取締役1人当たりの報酬額を算定する際に測定誤差が含まれる点である。2010年以前のデータには報酬が支払われた人数が含まれていないため，本章の分析では期末時点での社内取締役の人数で報酬総額を割っている。そのため，たとえば期中に取締役が交代している場合，分子の報酬には当該取締役に支払われている金額が含まれているにもかかわらず，分母の人数には当該取締役が含まれていないケースが生じうる[6]。

　他方で，社内取締役が受け取る報酬総額をそのまま使うことにも欠点がある。日本では，2010年代を通じて社内取締役の人数に減少トレンドが観察されるため，社内取締役が受け取る報酬総額を使うと，このようなトレンドが分析結果に影響を与えてしまう。幸運を示す変数はマクロ経済と強く関連しうるため，この変数の変動と，社内取締役の人数に関する時系列的な変動との間に相関関係がある場合，分析結果の解釈がとくに困難になる可能性がある。そこで本章では主たる従属変数として，社内取締役1人当たりの報酬額を使う。

　これに加え，報酬の構造のうち，現金報酬である固定報酬と業績連動型報酬に分解した分析も行なう。いずれの場合も，社内取締役の人数で割った1人当

---

[6] このような測定誤差を回避するために2011年以降に限定し，分母を支払人数とした場合でも本章の主たる結果が変わらないと確認している。これ以外に，従属変数として取締役全体への報酬（分子のみ）を使った場合でも，同様の結果が得られることを確認している。

たりの報酬額を分析に利用する。なお，業績連動型報酬には欠損値が多く含まれているが，これを0に置換して分析に使用している点には注意が必要である。

　初期サンプルは，NEEDS企業基本データ（役員データ）の「役員サマリー」データで，社内取締役の「【合計】支給額」及び「【報酬】支給額」と，「取締役人数」及び「社外取締役人数」が入手可能である2005年から2021年までの企業・年の観測値である。これに，QUICK Astra managerから入手した企業の財務データと，Nikkei NEEDS-FinancialQUESTから入手したデータより構築した権利落ち等調整済みの株式リターンのデータを結合する。なお，この株式リターンのデータは，次項で説明する操作で幸運の要素と，経営者の能力の要素に分解する。これらの操作を行なったうえで，報酬データとの結合を行なう。

　データの結合後，次の条件に該当する観測値を分析対象から除外する。12カ月決算以外の企業と分析に利用する変数が作成できない企業を除外する。続いて，企業規模の極端な変動があるケースを分析から除くために，期末総資産の期首総資産に対する比率が150％以上または50％以下の観測点を除外する。これ以外の外れ値の影響を軽減するために，連続変数について上下1％でウィンザライズする。

　次項で説明する，企業パフォーマンスを幸運の要素と経営者の能力の要素にわけるモデルの条件を課したあとの最終的なサンプル・サイズは，企業パフォーマンスの変数として株式リターンを使用する場合には44,011企業・年の観測値で，ROAの変化を使用する場合には37,644企業・年の観測値である。

（2）モデル

　経営者報酬を企業パフォーマンスのうち幸運が反映された要素に回帰することで，両者の間の相関関係を検証する。そのためには，企業パフォーマンスを幸運の要素と経営者の能力の要素にわける必要がある。本章では，Daniel et al.（2020）のアプローチを応用して企業パフォーマンスの要素を分解する。第1に，次のモデルを企業ごとに最小二乗法（OLS）を使って推計する[7]。

186　第Ⅲ部　日本企業の経営者報酬契約に関する実証研究

$$perf_{it} = \alpha_{0i} + \alpha_{1i}perf\_mkt_t + \alpha_{2i}perf\_ind_{jt} + \varepsilon_{it}. \tag{4}$$

　ここで，従属変数の $perf_{it}$ は企業パフォーマンスの代理変数を示している。本章では株式の月次リターン（ret_{it}）と会計利益ベースのパフォーマンス指標として年次 ROA の前年からの変化（Δroa_{it}）を使用する。ここで ROA は営業利益を前期末の総資産で割って定義する。2 つの独立変数は，それぞれ市場レベルのパフォーマンス指標（$perf\_mkt_t$）と企業 i が属す産業 j 全体でのパフォーマンス指標（$perf\_ind_{jt}$）を示している。企業パフォーマンスとして株式リターン（ret_{it}）を使う場合には，市場レベルのパフォーマンス指標として TOPIX のリターン（ret_topix_t）を，産業レベルのパフォーマンス指標として日経業種中分類の産業インデックスのリターン（ret_ind_{jt}）をそれぞれ使う。続いて，企業パフォーマンスとして ROA の前期からの変化（Δroa_{it}）を使う場合には，市場レベルのパフォーマンス指標として分析対象企業の総資産をウェイトとした ROA の変化の加重平均（Δroa_mkt_t）を，産業レベルのパフォーマンス指標として，日経業種中分類に基づく同一産業年の企業の総資産をウェイトとした ROA の変化の加重平均（Δroa_ind_{jt}）をそれぞれ使う。株式リターンには月次レベルのデータを，ROA については年次レベルのデータを使う。異常値の影響を軽減するために，企業レベルの各変数を上下 1 ％でウィンザライズする。モデルを企業ごとに回帰する際には，株式リターンについては月次レベルで24以上の観測値がある企業に，ROA については年次レベルで 5 以上の観測値がある企業に限定する。

　推計された係数に基づいて，企業パフォーマンスを幸運の要素（$luck_{it}$）と経営者の能力の要素（$skill_{it}$）にわける。具体的には次のように定義される。

7　Daniel et al.（2020）は，以下で定義する経営者能力の変数との整合性を担保するために，企業－経営者レベルでモデルを時系列回帰している。本章で経営者能力を企業レベルで推計している理由は，経営者個別の報酬データではなく，取締役全体に対する報酬データを分析単位としているためである。

$$luck_{it} = \hat{\alpha}_{1i}perf\_mkt_t + \hat{\alpha}_{2i}perf\_ind_{jt}, \tag{5}$$

$$skill_{it} = \hat{\alpha}_{0i} + \varepsilon_{it}. \tag{6}$$

ここで，幸運（$luck_{it}$）は市場全体や産業レベルのパフォーマンスのトレンドから予想される企業レベルのパフォーマンスの要素を表わす。対して，それ以外の要素，つまり切片（$\hat{\alpha}_{0i}$）と残差（ε_{it}）部分がその企業固有のパフォーマンスを示しており，その経営者の能力を示す要素（$skill_{it}$）と定義する。なお，株式リターンはそれぞれの変数が月次リターンとして得られるため，これらの月次リターンを年次リターンに変換して報酬データと結合する。

幸運と経営者報酬との間の相関関係を検証するために，次の式（7）を推計する。

$$\Delta comp_{it} = \beta_1 luck_{it-1} + \beta_2 skill_{it-1} + \Gamma \cdot z_{it-1} + \varphi_i + \phi_t + \varepsilon_{it}. \tag{7}$$

ここで，従属変数 $\Delta comp_{it}$ は企業 i の第 t 期における報酬の前年からの変化額を示す変数である。本章では，社内取締役への報酬総額を社内取締役の人数で割った，1人当たりの報酬の変化額を主たる変数として使用する。社内取締役の人数は，監査役を除いた取締役人数の合計から社外取締役の人数を引いて求める。報酬の構成要素に注目する際には，1人当たりの固定報酬の変化額（$\Delta comp(fix)_{it}$）と1人当たりの業績連動型報酬の変化額（$\Delta comp(bonus)_{it}$）を使う。これらも同様に，社内取締役へのそれぞれの報酬額を社内取締役の人数で割った値と定義される。関心を向ける独立変数は，企業パフォーマンスの幸運の要素（$luck_{it-1}$）と経営者の能力の要素（$skill_{it-1}$）である。

ベクトル z_{it-1} はコントロール変数を含んだ変数ベクトルを示している。このベクトルには，次の変数を加えている。まず，企業レベルのリスクをコントロールするために，企業パフォーマンスの幸運と能力のそれぞれの要素の標準偏差を累積密度関数で変換した値（cdf(vol_luck_{it-1}); cdf(vol_skill_{it-1})）を加

188　第Ⅲ部　日本企業の経営者報酬契約に関する実証研究

える。これは，企業の相対的なリスクが高いほど，報酬の企業パフォーマンスに対する感応度が鈍くなるという発見を踏まえている（Aggarwal and Samwick 1999b）。企業規模をコントロールする変数として，総資産の自然対数（$size_{it-1}$）を加える。ほかに，企業のモニタリングに関連するコントロール変数として，社内取締役の人数（$\#board_{it-1}$），指名委員会等設置会社に該当する場合に1をとるダミー変数（$1(app_{it-1})$），監査等委員会設置会社に該当する場合に1をとるダミー変数（$1(aud_{it-1})$），執行役員制度を導入している企業で1をとるダミー変数（$1(officer_{it-1})$），社外取締役が任命されている企業で1をとるダミー変数（$1(outside_{it-1})$），海外投資家持株比率（$\%foreign_{it-1}$），機関投資家持株比率（$\%inst_{it-1}$）を採用する。これ以外に，時間不変的で観察不可能な企業レベルの交絡をコントロールするための企業固定効果（φ_i）を加えている。また，マクロ経済環境に関する観察できない要素をコントロールするために年の固定効果（ψ_t）を加えている。標準誤差の計算には企業レベルでクラスタリングされた標準誤差を使用する。

　さらに，幸運に対する報酬に非対称性が存在するかを検証するために，

$$
\begin{aligned}
\Delta comp_{it} = {} & \gamma_1 luck_{it-1} + \gamma_2 skill_{it-1} \\
& + \gamma_3 luck_{it-1} \times bad\ luck_{it-1} + \gamma_4 skill_{it-1} \times bad\ skill_{it-1} \\
& + \Gamma \cdot z_{it-1} + \varphi_i + \psi_t + \varepsilon_{it}.
\end{aligned}
\tag{8}
$$

を推計する。ここで，式（8）に追加された変数は企業パフォーマンスの幸運の要素（$luck_{it-1}$）が負である場合に1を取るダミー変数（$bad\ luck_{it-1}$）と，経営者の能力の要素（$skill_{it-1}$）が負である場合に1を取るダミー変数（$bad\ skill_{it-1}$）である[8]。これら2つの変数はそれぞれ，不運（負の幸運）と能力が低いことを示す変数である。不運である場合に幸運と報酬との間の相関関係が

8　ここでは，株主価値を毀損している経営者を能力の低い経営者（$bad\ skill_{it-1} = 1$）と定義し，株主価値を改善している経営者を能力の高い経営者（$bad\ skill_{it-1} = 0$）と定義している。

変化することを捉えるために，幸運と不運の交差項（$luck_{it-1} \times bad\ luck_{it-1}$）をモデルに加えている。経営者が正の幸運に直面している際の幸運の要素と報酬との相関関係が係数 γ_1 で捉えられており，これをベースラインとして経営者が不運に直面している際の幸運と報酬との相関関係の限界効果が，係数 γ_3 で捉えられている。経営者が不運に直面している際の幸運の要素と報酬との相関関係は，この2つの係数の和（$\gamma_1 + \gamma_3$）で捉えられる。またこの幸運の正負で効果が変化することが，経営者の能力が低いことを代替している可能性をコントロールするために，経営者能力と能力が低いことを示すダミー変数との交差項（$skill_{it-1} \times bad\ skill_{it-1}$）をモデルに加えている。

ベクトル z_{it-1} は式（7）のコントロール変数に，それぞれのパフォーマンスの要素とそれらの標準偏差を累積密度関数で0から1の値に変換した値との交差項（$luck_{it-1} \times \mathrm{cdf}(vol\_luck_{it-1})$ と $skill_{it-1} \times \mathrm{cdf}(vol\_skill_{it-1})$）を加える。ほかに，企業レベルの時間不変的であり観察不可能な交絡をコントロールするための企業固定効果（φ_i）を加えている。また，マクロ経済環境の観察できない差異をコントロールするために年固定効果（ψ_t）を加えている。標準誤差の計算には企業レベルでクラスタリングされた標準誤差を使う。

4 結　果

（1）基本統計量と単変量分析

図表10-1が分析で使う変数の基本統計量を示している。1人当たりの報酬（万円）の変化額の平均値は82.1万円で，中央値が36.4万円である。これから，1人当たりの報酬額の変化が右に歪んだ分布に従っていることがわかる。1人当たりの固定報酬の変化額の平均値（中央値）が35.1万円（20万円）で，1人当たりの業績連動型報酬の変化額の平均値（中央値）が28.7万円（0万円）である。

図表10-2は，企業パフォーマンスと，1人当たりの報酬の変化額（$\Delta comp$）

190 第Ⅲ部 日本企業の経営者報酬契約に関する実証研究

図表10-1 ◇基本統計量

	平均値	標準偏差	第1四分位	中央値	第3四分位
$\Delta comp$	0.821	10.207	−2.600	0.364	3.800
$\Delta comp$ (fix)	0.351	6.668	−2.196	0.200	2.714
$\Delta comp$ (bonus)	0.287	3.360	0.000	0.000	0.000
luck	0.072	0.191	−0.054	0.050	0.177
skill	0.044	0.299	−0.138	0.005	0.168
luck (Δroa)	−0.001	0.021	−0.007	0.000	0.006
skill (Δroa)	0.000	0.034	−0.012	0.001	0.013
bad luck	0.397	0.489	0	0	1
bad skill	0.490	0.500	0	0	1
bad luck (Δroa)	0.491	0.500	0	0	1
bad skill (Δroa)	0.442	0.497	0	0	1
size	10.454	1.700	9.279	10.284	11.449
#board	6.291	2.764	4	6	8
1 (app)	0.015	0.122	0	0	0
1 (aud)	0.144	0.351	0	0	0
1 (officer)	0.581	0.493	0	1	1
1 (outside)	0.753	0.431	1	1	1
% foreign	0.161	0.169	0.022	0.106	0.251
% inst	0.340	0.195	0.183	0.331	0.482

（注）この表は本章の分析で使う変数の基本統計量を示している
（出所）筆者作成

図表10-2 ◇単変量分析

Panel A：リターンの各要素と1人当たり報酬の変化額

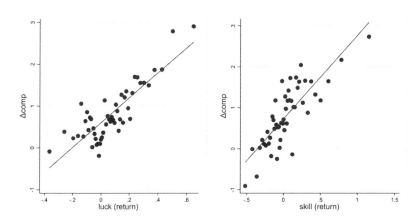

Panel B：ROAの変化の各要素と1人当たり報酬の変化額

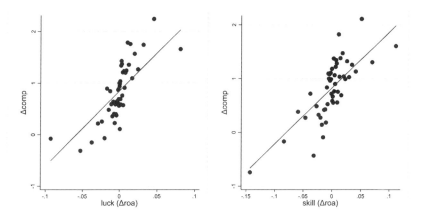

（出所）筆者作成

192　第Ⅲ部　日本企業の経営者報酬契約に関する実証研究

との関係をビン分割散布図（bin-scatter plot）で示している。Panel A は企業パフォーマンスとして株式リターン（*ret*）を使った結果を，Panel B は ROA の変化（*Δroa*）を使った場合の結果を示している。それぞれのパネルの左側に幸運（*luck*）を，右側に能力（*skill*）を企業パフォーマンスの変数として使った結果を示している。ビン分割の値には50を採用し，それぞれのパフォーマンスの要素の各分位点での *Δcomp* の平均値をプロットしている。直線は OLS で推計された近似線である。第2節での理論的予想が正しいなら，幸運との間には相関が観察されず，能力とは正の相関が観察される。しかし，いずれのパネルからも，幸運の要素と1人当たりの報酬の変化額との間には正の相関があるとわかる。さらに，能力の要素と1人当たりの報酬の変化額との間にも正の相関を確認できる。これらの結果はパフォーマンス指標として株式リターンと ROA のいずれを使っても変わらない。能力が報酬に反映されている点は理論的予想と整合するものの，幸運が反映されている点は予想とは整合しない。

（2）回帰分析の結果

　図表10-3が式（7）の推計結果を示している。Panel A では企業パフォーマンスの変数として株式リターンを使った場合の結果を報告している。(1) 列 -(3) 列には1人当たりの報酬の変化額を被説明変数として，固定効果の種類を変えた場合の結果が示されている。いずれの列でも，幸運（*luck*）と能力（*skill*）の両変数の係数が正に有意である。企業固定効果を加えた (3) 列の係数に注目すると，幸運の1標準偏差の変化（0.191）で報酬が59.32万円（= 3.106 ×0.191）増加し，能力の1標準偏差の変化（0.299）で62.82万円（= 2.101×0.299）増加することが示唆されている。1人当たりの報酬の平均的な変化額が82.1万円であることを踏まえると，これらの結果には十分な経済的重要性があるといえるだろう。

　(4) 列では1人当たりの固定報酬の変化額を，(5) 列では1人当たりの業績

図表10-3 ◇企業パフォーマンスの要素と1人当たり報酬

Panel A：株式リターン（*ret*）

	$\Delta comp$			$\Delta comp$ (*fix*)	$\Delta comp$ (*bonus*)
	(1)	(2)	(3)	(4)	(5)
luck	2.765***	2.900***	3.106***	2.062***	1.169***
	(0.311)	(0.500)	(0.529)	(0.339)	(0.180)
skill	2.135***	2.369***	2.101***	1.438***	0.285***
	(0.166)	(0.175)	(0.195)	(0.131)	(0.064)
Observations	44,011	44,011	44,011	44,011	44,011
control	yes	yes	yes	yes	yes
year	no	yes	yes	yes	yes
firm	no	no	yes	yes	yes
R^2	0.015	0.024	0.086	0.091	0.073

Panel B：ROA の変化（*Δroa*）

	$\Delta comp$			$\Delta comp$ (*fix*)	$\Delta comp$ (*bonus*)
	(1)	(2)	(3)	(4)	(5)
luck	23.823***	24.216***	26.002***	19.243***	3.959***
	(2.582)	(2.639)	(3.433)	(2.251)	(1.169)
skill	15.913***	16.907***	14.460***	12.123***	0.632
	(1.636)	(1.639)	(1.760)	(1.207)	(0.624)
Observations	37,644	37,644	37,644	37,644	37,644
control	yes	yes	yes	yes	yes
year	no	yes	yes	yes	yes
firm	no	no	yes	yes	yes
R^2	0.013	0.024	0.073	0.079	0.067

（注）この表は式（7）の推計結果を示している。Panel A では企業パフォーマンスの変数として株式リターンを使った場合の結果を，Panel B では ROA の変化を使った場合の結果を示している。係数の下の括弧には，企業レベルでクラスタリングした標準誤差を報告している。*** は1％水準，** は5％水準，* は10％水準で係数が有意であることを示す。
（出所）筆者作成

194　第Ⅲ部　日本企業の経営者報酬契約に関する実証研究

連動型報酬の変化額を使う。いずれの列でも，幸運と能力の両変数の係数が正に有意である。注目すべきは，次の2点である。第1に，固定報酬でも幸運が反映されている点である。これは固定報酬が前期の企業パフォーマンスに連動するという研究（Banker et al. 2013; Hamamura et al. 2024）と整合する結果で，とくに幸運も来期の固定報酬の決定要因になるという新たな発見である。第2に，業績連動型報酬は能力よりも幸運に対する感応度が高い点である。幸運と能力の係数に注目すると，前者が後者の約4倍である。これは，日本の業績連動型報酬が幸運に強く依存して決定されていることを示唆する結果である。

　Panel BではROAの変化を使った場合の結果を示している。Panel Aと同様に，(1) 列 - (3) 列には1人当たりの報酬の変化額を従属変数として，固定効果の種類を変えた場合の結果が示されている。いずれの列でも，幸運と能力の両変数の係数が正に有意である。企業固定効果が加えられている (3) 列の係数に注目すると，幸運の1標準偏差の変化（0.021）で報酬が54.60万円（＝26.002×0.021）増加し，能力の1標準偏差の変化（0.034）で49.16万円（＝14.460×0.034）増加することが示唆されている。(4) 列の1人当たりの固定報酬の変化額は幸運と能力の両変数の係数が正に有意である。(5) 列の1人当たりの業績連動型報酬の変化額は幸運の係数は正に有意であるものの，能力は係数が統計的に有意ではない。この結果は，幸運が業績連動型報酬に与える影響が大きいというPanel Aの結果と整合する。これらの結果は，幸運が経営者報酬の重要な決定要因だということを示唆する証拠である[9]。

　図表10-4が幸運への報酬に非対称性があるのかを検証する式 (8) の結果を示している。このモデルでは，幸運のボラティリティ（cdf(*vol_luck*)）の中央値（0.5）における報酬の幸運に対する感応度をベースラインとして，不運な場合の感応度がどれほど変化するのかを交差項の係数から議論する。(1) - (3)

---

[9]　この主分析の結果は，日経平均のインプライド・ボラティリティ（VXJ）の月次変化率を操作変数として使った分析でも観察された。運の要素のうちより外生的に変化する部分に注目しても，それが経営者報酬を決定していることを示唆する結果である。これは主分析の結果が，交絡の効果を捉えているという考えと矛盾する証拠である。

図表10-4 ◇幸運への報酬の非対称性

	Return			ΔROA		
	$\Delta comp$	$\Delta comp$ (fix)	$\Delta comp$ (bonus)	$\Delta comp$	$\Delta comp$ (fix)	$\Delta comp$ (bonus)
	(1)	(2)	(3)	(4)	(5)	(6)
luck	0.398	0.520	−0.017	40.597***	25.528***	11.251**
	(1.217)	(0.800)	(0.395)	(12.382)	(8.300)	(4.495)
luck×cdf (vol_luck)	2.018	0.862	1.454***	−19.638	−13.907	−6.943
	(1.450)	(0.940)	(0.492)	(13.917)	(9.317)	(4.829)
luck×badluck	4.520***	3.490***	0.137	1.848	8.851	−3.367
	(1.723)	(1.165)	(0.581)	(10.923)	(7.529)	(3.875)
skill	1.620**	0.754*	0.418*	26.945***	22.841***	2.652
	(0.639)	(0.402)	(0.225)	(6.543)	(4.349)	(2.298)
skill×cdf (vol_skill)	−0.383	0.048	−0.178	−19.365***	−18.116***	−2.094
	(0.710)	(0.457)	(0.248)	(7.252)	(4.899)	(2.402)
skill×badskill	2.480***	2.159***	−0.030	5.256	6.721*	−0.688
	(0.668)	(0.462)	(0.210)	(5.962)	(4.083)	(2.022)
Pay for good luck for median-risk firm	1.407	0.952	0.710	30.778	18.574	7.779
(cdf (vol_luck) = 0.5)	[1.91] *	[1.98] **	[2.96] ***	[4.08] ***	[3.63] ***	[2.79] ***
Pay for bad luck for median-risk firm	5.926	4.442	0.847	32.626	27.425	4.412
(cdf (vol_luck) = 0.5)	[3.92] ***	[4.32] ***	[1.64]	[4.54] ***	[5.46] ***	[1.74] *
Observations	43,875	43,875	43,875	37,530	37,530	37,530
control	yes	yes	yes	yes	yes	yes
year	yes	yes	yes	yes	yes	yes
firm	yes	yes	yes	yes	yes	yes
R^2	0.087	0.092	0.073	0.074	0.080	0.067

（注）この表は式（8）の推計結果を示している。（1）-（3）列では企業パフォーマンスの指標として株式リターンを使った場合の結果を，（4）-（6）列ではROAの変化を使った場合の結果を報告している。係数の下の括弧には，企業レベルでクラスタリングした標準誤差を報告している。推計結果の下には，幸運のボラティリティ（cdf（vol_luck））の中央値（0.5）における報酬の幸運に対する感応度を示している。感応度の下の括弧には，Z値を報告している。*** は1％水準，** は5％水準，* は10％水準で係数が有意であることを示す。
（出所）筆者作成

列が株式リターンを，企業パフォーマンスの変数として使った場合の結果を報告している。(1) 列が 1 人当たりの報酬の変化額を従属変数とした場合の結果である。ベースラインでの幸運に対する報酬の感応度は1.407となる一方で，不運な場合にはこれが5.926となる。両者の差は交差項の係数から統計的に有意だとわかる。これは，不運な場合に幸運の要素が経営者報酬に与える影響が大きくなる凹型の関係があることを示唆しており，これまで主にアメリカで明らかにされてきた非対称性とは真逆の結果である。この関係は， 1 人当たりの固定報酬の変化額にも当てはまる ((2) 列)。ただし， 1 人当たりの業績連動報酬の変化額に注目すると，係数は不運のほうが大きいものの，その差は有意ではない ((3) 列)。

(4) - (6) 列では ROA の変化を企業パフォーマンスの変数として使っている。(4) 列が 1 人当たりの報酬の変化額を従属変数とした場合の結果である。ベースラインでの幸運に対する報酬の感応度は30.778となる一方で，不運な場合にはこれが32.626となる。両者の差は，交差項の係数から統計的には有意ではない。次に 1 人当たりの固定報酬の変化額に注目する (5) 列では同様の結果が得られているが， 1 人当たりの業績連動型報酬の変化額に着目する (6) 列では不運な場合のほうが報酬の幸運に対する感応度が低い。しかし，交差項の係数から，その感応度は幸運な場合と不運な場合で有意な差はない。

これらの結果から，報酬の幸運に対する感応度が幸運─不運で変化する非対称性が一部観察された一方，その内容はアメリカを対象とした発見とは逆だとわかった。つまり，不運なほど幸運の要素が報酬に反映されやすくなるという凹型の関係が観察されたのである。

（3）議　　論

前項の発見は次のことを示唆している。第 1 に，幸運に対する報酬が支払われていることである。これは，主にアメリカで明らかにされてきた現象が，日本企業の経営者報酬でも観察されることを示唆している。第 2 に，能力に対す

る感応度も高いが，幸運についても感応度が同水準だということである。株式リターンと会計利益のいずれを使っても，経営者の能力を示す企業固有の要素と経営者の報酬との間に正の関係が観察された。これは，経営者報酬がパフォーマンスに連動すべきであるという観点からは，日本の経営者報酬はある程度有効に機能していることを示唆している。その感応度に注目すると，能力と幸運は同程度だと明らかになった。これは，平均的な日本企業の経営者にとって，その企業固有のパフォーマンスと幸運の要素の重要度が同程度なことを示唆している。

　第3に，とくに不運な場合に幸運がより報酬に反映される凹型の関係が存在することである。またこの関係は，株式リターンが不運にも悪いときに反映されやすい。この結果は，経営者が都合よく幸運の恩恵だけを享受するというレント収奪仮説の予想とは整合しない。この結果の背景にあるメカニズムを今後検討する必要がある。この点は，次節で議論する。

　第4に，とくに不運な場合に，幸運による企業パフォーマンスが固定報酬により大きく反映されている。これは，日本企業で固定報酬を企業パフォーマンスと連動させる傾向にあるという研究と整合する発見である。たとえば，乙政（2021）は，役員報酬の減額に関する適時開示の調査を行ない，役員報酬の減額のほとんどが，固定報酬の減額を通じて行なわれていることを明らかにしている。本章の結果は，不運のような経営者がコントロールできない業績の悪化に対しても，固定報酬の減額が行なわれていることを示唆している。

　以上の発見は，日本企業の経営者報酬が必ずしもレント収奪仮説及び株主価値仮説の双方と整合する構造ではないことを示唆する。つまり，日本企業の報酬は幸運に左右されやすい。とくに，不運に見舞われた場合，その不運で報酬が減額される。これは，経営者が自身に都合のよい報酬構造を選択しているという考えとは必ずしも整合しないだろう。

5 本章のまとめ

　本章では，企業パフォーマンスに占める幸運の要素と報酬の変化額との間に正の相関があることを明らかにした。これは理論的予想と矛盾する結果だが，諸外国で蓄積されてきた証拠と部分的には整合する。ただし，本章では結果の背景にあるメカニズムを詳細に検討できていない。以下では，検討すべきメカニズムを今後の課題としていくつかあげたい。

　第1に，債権者のモニタリングに着目した検討である。企業パフォーマンスとして株式リターンを使った分析では，幸運を反映した企業パフォーマンスの変化に対する報酬の感応度が，不運（負の幸運）な場合のほうが，幸運な場合に比べて大きいという結果が得られた。また，能力を反映した企業パフォーマンスの変化に対する報酬の感応度は，能力が低い場合には，能力が高い場合と比べて大きいという結果も得られている。これらの結果は，債権者が経営者の能力と幸運の要素を区別することなく，企業パフォーマンスの悪化に対して懲罰を与えていることを捉えているかもしれない。また，経営者が直面した不運に対して適切な対応がとれていない場合に，債権者のモニタリングが厳しくなっている可能性も考えられる。これらの予想を検証するには，企業と銀行との関係性に関する変数（たとえば，メインバンクの有無）を使った分析をする必要があると考えられる。

　第2に，利害関係者としての従業員に着目した検討である。不運に対する固定報酬の感応度が高いという結果は，従業員の雇用などを守るために，経営陣の報酬を減少させている可能性を示唆しているかもしれない。これを検討するには，利害関係者として従業員を重視している企業が，不運に対してより報酬を減額させているか，さらに，不運に対して報酬を減額させている企業ほど，従業員の人数や給料が減少していないことを明らかにする必要がある。また，こうしたメカニズムを検証するためには，負の経済的なショックに着目することもよい方法となる。たとえば，近年に日本企業が直面した負の経済的な

ショックとしてコロナ禍があげられる。この期間，一部の日本企業は役員報酬を引き下げていたことが調査から明らかとなっている（乙政 2021；村中・淺井 2020）。とくに，村中・淺井（2020）は，従業員への配慮という観点から，役員報酬の減額が行なわれる場合があると説明している。

第3に，留保賃金を経た経路である。ROA に着目した分析では，幸運を反映した企業パフォーマンスの変数の単一項のみが正に有意であり，幸運と不運が報酬に与える影響には対称性があるとわかった。この結果からは，同業他社の業績が改善した（悪化した）場合，自社の報酬が増加する（減少する）ことが示唆される。株主価値仮説では，報酬の重要な決定要因として，企業の経営に必要な人的資本を社内に確保するために必要な報酬水準（留保賃金）に注目している（Bizjak et al. 2008など）。同業他社の業績が改善した（悪化した）場合に，それらの企業における報酬が増加（減少）しているかもしれない。これはある企業の経営者の留保賃金が増加（減少）していることを示唆する。すると，ROA に関して得られた分析結果は，同業他社における報酬の増加（減少）によって経営者の留保賃金が変化し，これに伴って彼らの報酬が増加（減少）しているというメカニズムを捉えている可能性がある[10]。

第4に，企業のパフォーマンスとして株式リターンに着目した場合と，ROA に着目した場合で，結果が異なる理由も説明できることが望ましい。本章では，幸運と報酬との間の凹型の関係が株式リターンを使った場合にのみ観察され，会計利益を使った場合には観察されなかった。これは文字どおり，結果の頑健性が確認できなかったとの解釈もできる（Daniel et al. 2020など）。しかし，もし会計利益と株式リターンとの結果の差異をそれぞれのパフォーマンス指標の特性の差異として捉えることができれば，また異なる議論に拡張することもできるだろう。

---

10 Hamamura and Inoue（2023）では，ある企業における役員報酬の水準（増減率）とその同業他社における報酬の水準（増減率）との間に正の関係があると明らかにされている。この結果は，このような同業他社の役員報酬をベンチマークとして，役員報酬が決定されていることと整合的である。

たとえば，保守主義会計（conservative accounting）を起点とした解釈である。保守主義会計とは，損失が適時的に認識され，収益の認識が遅れるような会計処理の慣行をさす（髙田 2021）。このような会計的慣行によって，会計利益は正の経済的なニュースよりも負の経済的なニュースに対してより感応度が高くなる。つまり会計利益は，企業の（経済的）パフォーマンスに対して凹型（concave）だと知られている。報酬契約に会計利益ベースの指標が使われている場合[11]，経営者報酬と（保守的に計上された）会計利益は線形に連動している可能性がある。他方で，経済的なニュースを代理する株式リターンを企業パフォーマンスとして使った分析では，もし企業が保守的な会計処理を実施しており報酬がこれに連動するような契約が締結されているなら，株式リターンとの間にのみ凹型の関係が観察される可能性がある。

　本章ではいずれのメカニズムについても明示的に分析することはできていない。将来の検証が期待される。

（日下　勇歩・藤谷　涼佑）

11　中村（2020）は，業績連動報酬について調査を行ない，マーケット関連の指標よりも，会計利益ベースの指標が業績連動報酬契約でより多く利用されていることを明らかにしている。

第11章

製品市場の競争と経営者報酬

1　はじめに

　第2章でも述べられているように，効果的な報酬契約のあり方は企業によって異なる。そのうち，日本企業では会計指標，とくに利益に基づいて経営者報酬が決定されることが多い（中村 2020など）。しかし，たとえば市場の競争が激しい状況で，利益に基づく報酬契約で動機づけを行なうと，経営者は利益を増やすために短期的な行動をとるかもしれない。その場合，将来的には企業の競争力が低下する可能性がある。このため，利益に限らず，状況に応じて経営者を適切に動機づける報酬契約を結ぶことが望ましいと推察される。それでは，実際に企業は，状況によって経営者をどのような報酬契約で動機づけているのだろうか。

　その研究課題を実証的に調査したのが，Karuna（2020）である。Karuna（2020）はアメリカの企業を対象に，市場の競争の激しさが経営者報酬での業績指標の重みづけに影響を与えることを明らかにしている。本章では，Karuna（2020）をベースに，次の2点を記述する。まず，企業の競争と経営者報酬の関係についての理論を概説する。次に，日本企業を対象にKaruna

202　第Ⅲ部　日本企業の経営者報酬契約に関する実証研究

（2020）の追試を行ない，日本企業の経営者報酬契約の実態を明らかにする。

2 製品市場の競争と経営者報酬の関係

　企業が経営者に適切な行動をとらせるには，報酬による動機づけが有効だと
されてきた（Holmström 1979）。個別企業の業績と経営者報酬の関係の研究では，
業績に対する報酬の感応度（sensitivity）を分析することで，経営者報酬を決
定する指標についての証拠が蓄積されてきた。そこでは，会計利益や株価が経
営者報酬と正の関係をもつことが明らかになっている（Lambert and Lacker
1987; Sloan 1993；乙政 2004など）。これらの研究結果は，実務で経営者報酬を
決定する業績指標として，利益を含む会計指標や株価が使用されていることを
示唆している。

　経営者報酬契約で使用される業績指標のうち，どの指標が重視されるかは企
業が置かれている状況で変わる可能性がある。たとえば，Hirst（1983）は，
経営課題の難易度や変動性が高い場合，企業は報酬を利益に基づく指標にあま
り依存させないことを示している。

　また，Karuna（2020）は，製品市場競争が経営者報酬で使用される業績指
標の重みづけを変化させる可能性を指摘している。製品市場競争が激しい場合，
企業は同一製品市場内での競争上の地位を得ることで，市場から淘汰されずに
生き残る必要がある。このため，経営者は長期的に企業の競争力を高める行動
をとることが望ましい。すなわち，製品市場競争が激しい状況では，企業は報
酬契約で経営者をより将来志向的な行動をとるように動機づける必要がある。
一方で，このような状況下で業績指標として利益が使われると，経営者を適切
に動機づけることができない可能性がある。

　Karuna（2020）の議論に基づけば，利益は主として過去の業績情報を反映
することから，バックワード・ルッキングな性質をもつ業績指標と位置づけら
れる。経営者が高い利益を実現するには日々の経営努力が重要になるため，経

営者にそのような行動を動機づけることができる。しかし，会計的な指標である利益は，経営者の機会主義的な行動で一時的にかさ増しすることが可能である。したがって，利益を高めることが経営者の報酬につながる場合，経営者は利益を増やすために，競争の源泉である経営資源を減らしてコストを減らすといった近視眼的な行動をとり，結果として企業の競争力を低下させる可能性がある。

　この問題に対しては，経営者報酬を決定する業績指標として株価指標を利用することが有効だと考えられる。なぜなら，Karuna（2020）が述べるように，株価は将来のキャッシュ・フローに対応するフォワード・ルッキングな性質をもつからである。当期の利益を増やすために競争の源泉である経営資源を減らしてコスト・カットすると，結果として将来キャッシュ・フローを減少させるので，株価にはむしろマイナスの影響をもつだろう。そうならば，株価ベースの業績評価尺度で報酬の最大化を望む経営者は株価の低下につながる近視眼的な行動を回避すると考えられる。

　以上の議論から，製品市場競争が激しい状況で経営者を適切に動機づけるには，経営者報酬を決定する指標として，長期的な指標である株価をより重視すると考えられる。この仮説を検証するために，Karuna（2020）はアメリカの企業を対象に，製品の代替性，市場規模，及び参入コストという要因から製品市場競争の激しさを測定し，分析を行なった。分析の結果，製品市場競争が激しい企業は，会計利益よりも株式リターンに比重をおいた経営者報酬契約を結ぶ可能性があるという証拠を得た。

　また，日本でも製品市場の競争と経営者報酬の関係に関する知見は，いくつか蓄積されている（Joh 1999；首藤 2002）。これらの研究は，日本企業を対象として，製品市場競争と相対的業績評価との関係を分析している。その分析の中で，Joh（1999）は，会計利益と経営者報酬の関係が強まるという結果を得た。一方で，首藤（2002）では製品市場での競争が激しいと，製品市場競争が経営者報酬と業績指標の関係に影響を与えるという証拠は得られていない。これらの研究とKaruna（2020）で結果が相違する要因の1つとして，製品市場競争

を，ハーフィンダール・ハーシュマン指数（Herfindahl-Hirschman Index: HHI）で捉えている点が考えられる。

　経済学の文脈では，製品競争市場での競争の決定要因は製品代替性，市場規模，及び参入コストと定義されている（Sutton 1991; Vives 2008；Raith 2003）。製品の代替性が増加すれば，消費者は他製品への乗り換えが容易となる。そのため，市場価格が引き下げられ，市場が競争的になる。また，市場規模が大きい場合，及び参入コストが低い場合，当該市場への参入が容易となるため，競争が激化する。すなわち，製品代替性が高い，市場規模が大きい，あるいは参入コストの低い市場は，より競争的になることを意味する。

　しかし，Joh（1999）や首藤（2002）では，製品市場競争の測定に関してHHI を使って競争度を測定しており，これらの決定要因を考慮していない。HHI は，市場内の企業ごとの市場シェアの2乗を足し合わせた指数で，HHI が0に近づくほど市場が競争的だと解釈される。たとえば，ある市場内の企業が企業Aと企業Bの2社で，それぞれの市場シェアが80％及び20％とする。このとき，HHI は$80^2 + 20^2 = 6{,}800$となる。もし，市場が独占状態で，1社が100％のシェアを占めている場合，HHI は最大値である$100^2 = 10{,}000$となる。計算例より，規模の経済性が存在する市場で激しい競争の結果，参入企業が減少した場合でもHHI は大きな値をとりうることがわかる。すなわち，実際には競争度が高いにもかかわらず，HHI 上では競争度が低いと解釈される場合がある。HHI は市場の集中度を測定するには有用で，市場の集中度と競争度は一定の関係性があるため，競争度の簡便的な代理変数としてHHI を使うことができる。しかし，上述のようにHHI では競争の性質の違いやその源泉を考慮しておらず，製品市場競争を十分に捉えられていない可能性がある。

　そこで，本章は競争の性質や源泉を考慮した3つの製品市場競争の代理変数により，日本企業を対象としてKaruna（2020）の追試を実施する。すなわち，日本での製品市場競争を3つの指標で測定し，競争の決定要因と経営者報酬の関係を分析することで，日本の企業環境で製品市場競争が経営者報酬に与える影響を調査する。

第11章　製品市場の競争と経営者報酬　*205*

3 | 分析モデルと調査対象

（1）分析モデルと変数

　ここでは，「製品市場の競争は，経営者報酬における会計利益と株式リターンの指標の比重を変化させるのか」という Karuna（2020）と同様の仮説を日本企業で確かめるために，Karuna（2020）に従って以下の回帰モデルを推定する。

$$
\begin{aligned}
COMP_{i,t} = {} & \beta_0 + \beta_1 ROA_{i,t} + \beta_2 RET_{i,t} + \beta_3 SUB_{j,t} + \beta_4 MKTSIZE_{j,t} \\
& + \beta_5 ENTCOST_{j,t} + \beta_6 CONC_{j,t} + \beta_7 ASSET_{i,t} + \beta_8 VOLAT_{i,t} \\
& + \beta_9 MTB_{i,t} + \beta_{10} R\&D_{i,t} + \beta_{11} STKHOLD_{i,t} + \beta_{12} SUB_{i,t} \times ROA_{i,t} \\
& + \beta_{13} SUB_{i,t} \times RET_{i,t} + \beta_{14} MKTSIZE_{i,t} \times ROA_{i,t} \\
& + \beta_{15} MKTSIZE_{i,t} \times RET_{i,t} + \beta_{16} ENTCOST_{i,t} \times ROA_{i,t} \\
& + \beta_{17} ENTCOST_{i,t} \times RET_{i,t} + \beta_{18} CONC_{i,t} \times ROA_{i,t} \\
& + \beta_{19} CONC_{i,t} \times RET_{i,t} + YearDummies + IndustryDummies \\
& + \varepsilon_{i,t}.
\end{aligned} \tag{1}
$$

　ここで，式（1）の従属変数である $COMP_{i,t}$ は企業 i の第 t 期における報酬金額である。次に，独立変数である $ROA_{i,t}$ と $RET_{i,t}$ は企業の業績指標を示している。ここで，$ROA_{i,t}$ は企業 i の第 t 期における総資産事業利益率である。さらに，$RET_{i,t}$ は企業 i の第 t 期における年次株式リターンである。また，本章が注目する製品市場競争の変数は，$SUB_{j,t}$，$MKTSIZE_{j,t}$，及び $ENTCOST_{j,t}$ で表わされる。ここで，$SUB_{j,t}$ は産業 j の第 t 期での製品の代替性を示す変数である[1]。そして，$SUB_{j,t}$ が大きい（小さい）ほど，その産業 j は第 t 期に，より代

1　産業分類は日経業種小分類に基づいている。

替的（補完的）な製品市場だと示している。加えて，$MKTSIZE_{j,t}$ は産業 j の第 t 期での市場規模を示す変数である。また，$ENTCOST_{j,t}$ は産業 j の第 t 期での参入コストの大きさを示す変数である。製品がより代替的な市場の場合，市場規模がより大きい場合，参入コストがより低い場合に，その製品市場の競争はより激しいとみなされる。すなわち，$SUB_{j,t}$，$MKTSIZE_{j,t}$，および $ENTCOST_{j,t}$ の数値が大きいほどに，市場競争が激しいと解釈される。

　また，式（1）ではコントロール変数として，$CONC_{j,t}$，$ASSET_{i,t}$，$VOLAT_{i,t}$，$MTB_{i,t}$，$R\&D_{i,t}$，$STKHOLD_{i,t}$ の6つの変数を使う。ここで，$CONC_{j,t}$ は産業 j の第 t 期における市場集中度を示す変数，$ASSET_{i,t}$ は企業 i の第 t 期の企業規模を示す変数である。さらに，$VOLAT_{i,t}$ は企業 i の第 t 期の企業リスクを示す変数である。加えて，$MTB_{i,t}$ と $R\&D_{i,t}$ は企業 i の第 t 期における成長機会を示す変数である。最後に，$STKHOLD_{i,t}$ は企業 i の第 t 期における役員の株式所有を示す変数である。式（1）の変数の定義を図表11-1に記載しておく。本章では式（1）を，日経業種中分類に基づく産業固定効果と年度の固定効果を加えた最小二乗法で推定する。

　本章では，式（1）の β_{12} から β_{17} までの6つの係数に注目する。これらの係数は，製品市場競争の3つの代理変数と，会計利益と株式リターンという2つの業績指標の交差項にかかる。これらの交差項は，業績評価の際の会計利益と株式リターンの重視の程度が，製品市場競争でどのように異なるかを示している。すなわち，β_{12} から β_{17} の係数がプラスなら，製品市場競争がより激しくなると，経営者報酬契約でその業績指標がより重視されると解釈できる。

（2）サンプル

　次に本章で利用するサンプルの説明に入る。本章では，2010年4月1日以降の事業年度開始日であり，2019年3月31日までに事業年度終了日をむかえる，年次決算期の東証一部及び東証二部上場企業の製造業が対象となる。財務データ（連結データを利用，なければ単独データで補完）と株価データは日経

第11章 製品市場の競争と経営者報酬　*207*

図表11-1◇本章の変数一覧

変　　数	定　　　　　義
$COMP_{i,t}$	企業 i の第 t 期における取締役（社外取締役を除く）に対する平均報酬総額の自然対数。
$ROA_{i,t}$	企業 i の第 t 期における総資産事業利益率。
$RET_{i,t}$	企業 i の第 $t-1$ 期末から第 t 期末にかけての株式リターン。
$SUB_{j,t}$	産業 j に属する企業の第 t 期における合計売上高／合計営業費用に -1 を乗じたもの。
$MKTSIZE_{j,t}$	産業 j に属する企業の第 t 期における合計売上高の自然対数。
$ENTCOST_{j,t}$	産業 j に属する企業の第 t 期における有形固定資産（使用権資産込み）＋減価償却累計額＋減損損失累計額の市場シェアを基準とした加重平均の自然対数に -1 を乗じたもの。
$CONC_{j,t}$	産業 j に属する企業の第 t 期における売上高上位4社を合わせた売上高／合計売上高。
$ASSET_{i,t}$	企業 i の第 t 期における資産総額の自然対数。
$VOLAT_{i,t}$	企業 i の第 t 期の会計期間に対応する月次株式リターンの標準偏差。
$MTB_{i,t}$	企業 i の第 t 期末の時価簿価比率。時価総額／自己資本。
$R\&D_{i,t}$	企業 i の第 t 期の研究開発費を企業 i の第 t 期末の売上高で除したもの。
$STKHOLD_{i,t}$	企業 i の第 t 期の役員持株数／発行済株式総数。

（出所）筆者作成

NEEDS-FinancialQUEST2.0から，経営者報酬関連のデータは NEEDS-MT 企業基本データ（役員）から取得した。まず，日経業種大分類で製造業に該当しない10,895企業・年を除外した。次に，産業内での競争を測るために，日経業種小分類でその他の業種に属する3,842企業・年を除外した。続いて，分析に必要な変数の計算のために，日経業種小分類の業種内の企業数が4社以下である654企業・年を除外した。加えて，第 t 期と第 $t-1$ 期で決算月数が12カ月でない91企業・年を除外した。最後に，分析に必要な変数に欠損値が存在した660企業・年を除外した。最終的に得られたサンプル・サイズは，5,762企業・年となる。

208　第Ⅲ部　日本企業の経営者報酬契約に関する実証研究

図表11- 2 ◇記述統計量

	平均	標準偏差	第1四分位	中央値	第3四分位	n
$COMP_{i,t}$	3.186	0.625	2.797	3.188	3.579	5,762
$ROA_{i,t}$	0.056	0.042	0.029	0.051	0.078	5,762
$RET_{i,t}$	0.096	0.341	-0.126	0.043	0.251	5,762
$SUB_{j,t}$	-1.024	0.04	-1.04	-1.014	-1.001	5,762
$MKTSIZE_{j,t}$	15.048	1.254	14.248	15.069	16.114	5,762
$ENTCOST_{j,t}$	-10.033	1.408	-10.82	-9.838	-9.039	5,762
$CONC_{j,t}$	0.706	0.183	0.547	0.762	0.858	5,762
$ASSET_{i,t}$	11.429	1.553	10.289	11.206	12.367	5,762
$VOLAT_{i,t}$	0.090	0.042	0.061	0.083	0.109	5,762
$MTB_{i,t}$	1.054	0.731	0.606	0.857	1.252	5,762
$R\&D_{i,t}$	0.026	0.027	0.008	0.019	0.037	5,762
$STKHOLD_{i,t}$	0.023	0.049	0.001	0.004	0.018	5,762

（注）連続変数は，年度ごとにグルーピングして上下1％水準でウィンザライズの処理を行なった
（出所）筆者作成

　上記の方法でサンプルを収集すると，記述統計量は図表11-2になる。$COMP_{i,t}$は平均値が3.186であり，役員1人当たりの平均報酬額は約2,400万円である。また，$ROA_{i,t}$及び$RET_{i,t}$は平均値と中央値ともにプラスである。

　図表11-3は各変数間の相関係数を示している。$COMP_{i,t}$と$ROA_{i,t}$の相関係数は0.403であり，利益率が大きいとき，経営者報酬の水準は大きいことが示唆される。一方で，$COMP_{i,t}$と$RET_{i,t}$の相関係数は0.023で，株式リターンと経営者報酬の関係は非常に弱い。これは，2変数間の分析のレベルでは，経営者報酬を決定する際に株価ベースの指標が使われていない可能性を示している。

第11章 製品市場の競争と経営者報酬　*209*

図表11-3 ◇ピアソンの相関係数表

	$COMP_{i,t}$	$ROA_{i,t}$	$RET_{i,t}$	$SUB_{j,t}$	$MKTSIZE_{j,t}$	$ENTCOST_{j,t}$
$COMP_{i,t}$	1					
$ROA_{i,t}$	0.403	1				
$RET_{i,t}$	0.023	0.258	1			
$SUB_{j,t}$	− 0.181	− 0.269	− 0.085	1		
$MKTSIZE_{j,t}$	0.274	0.067	− 0.026	0.142	1	
$ENTCOST_{j,t}$	− 0.236	− 0.029	0.039	− 0.067	− 0.471	1
$CONC_{j,t}$	0.014	− 0.026	− 0.003	− 0.059	− 0.187	− 0.654
$ASSET_{i,t}$	0.639	0.188	− 0.025	− 0.004	0.32	− 0.426
$VOLAT_{i,t}$	− 0.107	− 0.024	0.218	0.088	0.083	0.038
$MTB_{i,t}$	0.239	0.466	0.301	− 0.202	0.085	− 0.046
$R\&D_{i,t}$	0.263	0.153	− 0.008	− 0.246	0.27	− 0.079
$STKHOLD_{i,t}$	− 0.064	0.097	0.045	0.023	− 0.007	0.104

	$CONC_{j,t}$	$ASSET_{i,t}$	$VOLAT_{i,t}$	$MTB_{i,t}$	$R\&D_{i,t}$	$SKTHOLD_{i,t}$
$CONC_{j,t}$	1					
$ASSET_{i,t}$	0.133	1				
$VOLAT_{i,t}$	− 0.108	− 0.057	1			
$MTB_{i,t}$	0.056	0.143	0.143	1		
$R\&D_{i,t}$	− 0.034	0.227	0.029	0.197	1	
$STKHOLD_{i,t}$	− 0.039	− 0.284	− 0.001	0.079	− 0.068	1

（注）連続変数は，年度ごとにグルーピングして上下１％水準でウィンザライズの処理を行なった
（出所）筆者作成

210　第Ⅲ部　日本企業の経営者報酬契約に関する実証研究

$$\boxed{4}\quad \text{分析結果}$$

　式（1）を分析した結果を，図表11-4にまとめる[2]。なお，参考に$ROA_{i,t}$と
$RET_{i,t}$のみを説明変数としたモデルの推定結果も掲載しているが，フル・モ
デルである式（1）の推定結果に沿って解釈を進める。まず，$ROA_{i,t}$の係数の
推定値は3.444で，両側1％水準でプラス有意である。ここから，経営者報酬
と会計利益には正の関係があるとわかる。一方で，$RET_{i,t}$の係数の推定値は
−0.001で，有意ではない。この結果から，日本企業では経営者報酬と株式リ
ターンには関係があるとはいえない可能性がある。

　では，製品市場競争は経営者報酬と業績指標の関係に影響を与えているだろ
うか。まず，製品の代替性の結果をみると，$SUB_{i,t}$と$ROA_{i,t}$の交差項の係数
推定値は0.544で有意ではない。さらに，$SUB_{i,t}$と$RET_{i,t}$の交差項の係数推定
値は−0.400で，こちらも有意ではない。ここから，日本企業では製品代替性
が経営者報酬と業績指標の関係に影響を与えているとはいえない可能性がある。

　次に，市場規模に注目すると，$MKTSIZE_{j,t}$と$ROA_{i,t}$の交差項の係数推定値
は0.606で，両側5％水準でプラス有意である。一方で，$MKTSIZE_{j,t}$と$RET_{i,t}$
の交差項の係数推定値は0.002で，有意ではない。これらの結果は，日本企業
では市場規模が大きいほど，経営者報酬契約で会計利益がより重視される可能
性を示している。

　最後に，参入コストの場合は，$ENTCOST_{j,t}$と$ROA_{i,t}$の交差項の係数推定
値は0.607で，両側5％水準でプラス有意である。一方で，$ENTCOST_{j,t}$と
$RET_{i,t}$の交差項の係数推定値は0.004で有意ではない。すなわち，日本企業で
は参入コストが低いほどに経営者報酬契約で会計利益がより重視される可能性
を示している。

2　本章では説明変数のうちすべての連続変数をセンタリングして，回帰分析を行なってい
　る。

第11章　製品市場の競争と経営者報酬　*211*

図表11-4 ◇回帰分析の結果

	係数	t 値	係数	t 値
Constant	3.186***	(151.013)		
$ROA_{i,t}$	6.363***	(53.467)	3.444***	(19.46)
$RET_{i,t}$	−0.160***	(−7.643)	−0.001	(−0.049)
$SUB_{j,t}$			−1.574***	(−9.761)
$MKTSIZE_{j,t}$			0.063***	(8.248)
$ENTCOST_{j,t}$			0.029***	(3.571)
$CONC_{j,t}$			−0.082	(−1.435)
$ASSET_{i,t}$			0.238***	(86.896)
$VOLAT_{i,t}$			−1.052***	(−7.405)
$MTB_{i,t}$			0.013*	(1.859)
$R\&D_{i,t}$			1.411***	(11.204)
$STKHOLD_{i,t}$			0.975***	(13.478)
$SUB_{j,t} \times ROA_{i,t}$			0.544	(0.220)
$SUB_{j,t} \times RET_{i,t}$			−0.400	(−1.340)
$MKTSIZE_{j,t} \times ROA_{i,t}$			0.606**	(2.457)
$MKTSIZE_{j,t} \times RET_{i,t}$			0.002	(0.065)
$ENTCOST_{j,t} \times ROA_{i,t}$			0.607**	(3.038)
$ENTCOST_{j,t} \times RET_{i,t}$			0.004	(0.118)
$CONC_{j,t} \times ROA_{i,t}$			5.102***	(4.416)
$CONC_{j,t} \times RET_{i,t}$			−0.096	(−0.448)
YearDummies	NO		YES	
IndustryDummies	NO		YES	
Adj. R^2	0.169		0.538	
n	5,762		5,762	

（注）連続変数は，年度ごとにグルーピングして上下1％水準でウィンザライズの処理を行なった。t 値は，年レベルでクラスタ化された標準誤差に基づいている。*, **, *** はそれぞれ10％，5％，1％の有意水準（両側検定）を表わす。

212 第Ⅲ部 日本企業の経営者報酬契約に関する実証研究

これらの分析結果をまとめる。そうすると，日本企業では製品市場競争が激しくなると，経営者報酬契約で会計利益がより重視されるといえる。一方で，製品市場競争は経営者報酬と株式リターンの関係にどのような影響も与えていなかった。これらの結果は，アメリカの企業を対象にした Karuna（2020）とは異なっている。

5 本章のまとめ

　本章は，日本企業を対象として Karuna（2020）の追試を行ない，製品市場競争が経営者報酬と業績指標の関係に与える影響を分析した。分析の結果，製品市場競争が激しくなると，経営者報酬契約に会計利益がより重視されることが明らかとなった。一方で，製品市場競争は経営者報酬と株式リターンの関係に影響を与えていなかった。これらの結果は，アメリカの企業を対象にした Karuna（2020）とは異なる。

　本章の結果は，経営者報酬契約に会計利益を重視する日本企業の実務をふまえ，経営者報酬契約が製品市場競争に応じて調整されていることを示唆している。この理由として，日本とアメリカの経営者報酬契約の実務の相違が考えられる。Karuna（2020）はアメリカ企業の業績評価に会計利益ベースの指標と株価ベースの指標の両方が利用されていることを前提としている。しかし，日本企業では，株価ベースの指標を使った業績評価がアメリカ企業ほどに実施されていない可能性がある。

　日本企業は諸外国と比較しても固定報酬の割合が大きいといわれている（Pan and Zhou 2018；経済産業政策局 2023など）。Karuna（2020）では中長期的な業績指標として株式リターンを利用している一方，中長期的な視点での経営者報酬があまり利用されていない日本企業では，この仮定が必ずしもあてはまらない可能性がある。本章では，経営者報酬と株式リターンにほとんど関係がみられなかった。一方で，経営者報酬と会計利益には正の関係が観察された。これ

らの議論から，日本企業では経営者を動機づける変動報酬がほとんど使われておらず，使われていたとしても，株式リターンが指標に使われていない可能性が提示される。その場合，製品市場競争が激しいときに会計利益ベースの指標をより重視することで，経営者を動機づけている可能性がある。したがって，本章の分析結果は日本企業の経営者報酬契約の実務を反映していると解釈できる。すなわち，諸外国と比較して，日本の経営者報酬実務には改善の余地が多く残されており，効率的な報酬契約の導入が，日本企業のよりよい経営に貢献できる可能性を示唆している。

　ただし，第2章で紹介したように，Bloomfield（2021）は数量競争の状況では売上高が業績評価に利用されることを示している。製品市場競争としての数量競争や業績評価指標としての売上高は，本研究では考慮できていない。日本企業を対象とした分析からBloomfield（2021）と同様の結果が導かれれば，日本の経営者報酬契約の別の側面を示すことができるかもしれない。経営者報酬契約と製品市場競争の相互作用について，今後も証拠の蓄積を行なっていく必要がある。

（井上　謙仁・伊瀬　堂人・加藤　大智・屋嘉比　潔）

■参考文献一覧

Abe, N., N., Gaston, and K. Kubo. 2005. Executive pay in Japan: The role of bank-appointed monitors and the main bank relationship. *Japan and the World Economy* 17 (3) : 371-394.

Abowd, J. M., and M. Bognanno. 1995. International differences in executive and managerial compensation. In *Differences and Changes in Wage Structures* (pp. 67-104). University of Chicago Press.

Aggarwal, R., and A. A. Samwick. 1999a. Executive compensation, strategic competition, and relative performance evaluation: Theory and evidence. *Journal of Finance* 54 (6) : 1999-2043.

Aggarwal, R. K., and A. A. Samwick. 1999b. The other side of the trade-off: The impact of risk on executive compensation. *Journal of Political Economy* 107 (1) : 65-105.

Albuquerque, A. 2009. Peer firms in relative performance evaluation. *Journal of Accounting and Economics* 48 (1) : 69-89.

Albuquerque, A. M. 2014. Do growth-option firms use less relative performance evaluation? *The Accounting Review* 89 (1) : 27-60.

Albuquerque, A., B. Bennett, C. Custodio, and D. Cvijanović. 2023. CEO compensation and real estate prices: pay for luck or pay for action? *Review of Accounting Studies* 28 (4) : 2401-2447.

阿萬弘行. 2002.「株式市場と経営者インセンティブ：株価と役員賞与の計量分析」『日本経済研究』45: 68-85.

Amdouni, S., and S. Boubaker. 2015. Multiple large shareholders and owner-manager compensation: Evidence from French listed firms. *Journal of Applied Business Research* 31 (3) : 1119-1130.

Antle, R., and J. S. Demski. 1988. The controllability principle in responsibility accounting. *The Accounting Review* 63 (4) : 700-718.

Antle, R., and A. Smith. 1986. An empirical investigation of the relative performance evaluation of corporate executives. *Journal of Accounting Research* 24 (1) : 1-39.

Aranda, C., J. Arellano, and A. Davila. 2014. Ratcheting and the role of relative target setting. *The Accounting Review* 89 (4) : 1197-1226.

蟻川靖浩. 2004.「経営者インセンティブへのコーポレート・ガバナンスの影響」『ニッセイ基礎研所報』33: 133-154.

蟻川靖浩・宮島英昭. 2015.「銀行と企業の関係：歴史と展望」『組織科学』49 (1) : 19-31.

Arnold, M. C., and M. Artz. 2015. Target difficulty, target flexibility, and firm performance: Evidence from business units' targets. *Accounting, Organizations and Society* 40: 61-77.

Axelson, U., and S. Baliga. 2009. Liquidity and manipulation of executive compensation schemes. *Review of Financial Studies* 22 (10) : 3907-3939.

Babenko, I., B. Bennett, B., J. M. Bizjak, and J. L. Coles. 2017. *Clawback provisions*. Available at SSRN: id 2023292.

Bandiera, O., I. Barankay, and Rasul, I. 2005. Social preferences and the response to incentives: Evidence from personnel data. *Quarterly Journal of Economics* 120（3）: 917-962.

Banker, R. D., D. Bu, and M. N. Mehta. 2016. Pay gap and performance in China. *Abacus* 52（3）: 501-531.

Banker, R. D., M. N. Darrough, R. Huang, and J. M. Plehn-Dujowich. 2013. The relation between CEO compensation and past performance. *The Accounting Review* 88（1）: 1-30.

Banker, R. D., and S. M. Datar. 1989. Sensitivity, precision, and linear aggregation of signals for performance evaluation. *Journal of Accounting Research* 27（1）: 21-39.

Bannister, J. W., and H. A. Newman. 2003. Analysis of corporate disclosures on relative performance evaluation. *Accounting Horizons* 17（3）: 235-246.

Barro, J. R., and R. J. Barro. 1990. Pay, performance, and turnover of bank CEOs. *Journal of Labor Economics* 8（4）: 448-481.

Basu, S., L. S., Hwang, T., Mitsudome, and J. Weintrop. 2007. Corporate governance, top executive compensation and firm performance in Japan. *Pacific-Basin Finance Journal* 15（1）: 56-79.

Bebchuk, L. A., and J. M. Fried. 2003. Executive compensation as an agency problem. *Journal of Economic Perspectives* 17（3）: 71-92.

Becker, S. D. 2014. When organisations deinstitutionalise control practices: A multiple-case study of budget abandonment. *European Accounting Review* 23（4）: 593-623.

Becker, S. D., M. D. Mahlendorf, U. Schäffer, and M. Thaten. 2016. Budgeting in times of economic crisis. *Contemporary Accounting Research* 33（4）: 1489-1517.

Bedford, D. S., R. F. Speklé, and S. K. Widener. 2022. Budgeting and employee stress in times of crisis: Evidence from the Covid-19 pandemic. *Accounting, Organizations and Society* 101: 101346.

Bertrand, M., and S. Mullainathan. 2001. Are CEOs rewarded for luck? The ones without principals are. *Quarterly Journal of Economics* 116（3）: 901-932.

Bettis, J. C., J. Bizjak, J. L. Coles, and S. Kalpathy. 2018. Performance-vesting provisions in executive compensation. *Journal of Accounting and Economics* 66（1）: 194-221.

Bizjak, J. M., M. L. Lemmon, and L. Naveen. 2008. Does the use of peer groups contribute to higher pay and less efficient compensation? *Journal of Financial Economics* 90（2）: 152-168.

Bizjak, J., M. Lemmon, and T. Nguyen. 2011. Are all CEOs above average? An empirical analysis of compensation peer groups and pay design. *Journal of Financial Economics* 100（3）: 538-555.

Bizjak, J., S. Kalpathy, Z. F. Li, and B. Young. 2022. The choice of peers for relative performance evaluation in executive compensation. *Review of Finance* 26（5）: 1217-1239.

Black, F., and M. Scholes. 1973. The pricing of options and corporate liabilities. *Journal of Political Economy* 81（3）: 637-654.

Bloomfield, M. J. 2021. Compensation disclosures and strategic commitment: Evidence from revenue-based pay. *Journal of Financial Economics* 141 (2) : 620-643.

Bloomfield, M. J., W. R. Guay, and O. Timmermans. 2022. *Relative performance evaluation and the peer group opportunity set.* Available at SSRN: id 3853940.

Bol, J. C. 2011. The determinants and performance effects of managers' performance evaluation biases. *The Accounting Review* 86 (5) : 1549-1575.

Bouwens, J., and P. Kroos. 2011. Target ratcheting and effort reduction. *Journal of Accounting and Economics* 51 (1-2) : 171-185.

Brown, A. B., P. Y. Davis-Friday, L. Guler, and C. Marquardt. 2015. M&A decisions and US firms' voluntary adoption of clawback provisions in executive compensation contracts. *Journal of Business, Finance & Accounting* 42 (1-2) : 237-271.

Burt, I., T. Libby, and A. Presslee. 2020. The impact of superior-subordinate identity and *ex post* discretionary goal adjustment on subordinate expectancy of reward and performance. *Journal of Management Accounting Research* 32 (1) : 31-49.

Cha, Y., S. Gill, and B. Wong-On-Wing. 2023. Clawback policy enforcement: To disclose or not to disclose. *Advances in Accounting* 62: 100661.

Chan, L. H., K. C. Chen, T. Y. Chen, and Y. Yu. 2012. The effects of firm-initiated clawback provisions on earnings quality and auditor behavior. *Journal of Accounting and Economics* 54 (2) : 180-196.

Chen, Y., and C. E. Vann. 2017. Clawback provision adoption, corporate governance, and investment decisions. *Journal of Business, Finance & Accounting* 44 (9-10) : 1370-1397.

Cheung, Y., A. Stouraitis, and W. S. Wong. 2005. Ownership concentration and executive compensation in closely held firms: Evidence from Hong Kong. *Journal of Empirical Finance* 12 (4) : 511-532.

中小企業庁. 2021. 『2021年版中小企業白書』

Ciftci, M., and M. Darrough. 2016. Does the riskiness of R&D outweigh its benefits? The perspective of US private lenders. *Journal of Business, Finance & Accounting* 43 (5-6) : 654-692.

Colignon, R., and M. Covaleski. 1988. An examination of managerial accounting practices as a process of mutual adjustment. *Accounting, Organizations and Society* 13 (6) : 559-579.

Colpan, A. M., and T. Yoshikawa. 2012. Performance sensitivity of executive pay: The role of foreign investors and affiliated directors in Japan. *Corporate Governance: An International Review* 20 (6) : 547-561.

Cooley, P. L.1979. Managerial pay and financial performance of small business. *Journal of Business Research* 7 (3) : 267-276.

Cooley, P. L., and C. E. Edwards.1982. Ownership effects on managerial salaries in small business. *Financial Management* 11 (4) : 5-9.

Cooley, P. L., and C. E. Edwards.1985. Age effects on managerial compensation in small firms. *Entrepreneurship Theory and Practice* 10 (1) : 41-48.

Daniel, N. D., Y. Li, and L. Naveen. 2020. Symmetry in pay for luck. *Review of Financial Studies* 33 (7) : 3174-3204.

De Angelis, D., and Y. Grinstein. 2020. Relative performance evaluation in CEO compensation: A talent-retention explanation. *Journal of Financial and Quantitative Analysis* 55（7）: 2099-2123.

DeFond, M. L., and J. Zhang. 2014. The timeliness of the bond market reaction to bad earnings news. *Contemporary Accounting Research* 31（3）: 911-936.

De Franco, G., S. P. Kothari, and R. S. Verdi. 2011. The benefits of financial statement comparability. *Journal of Accounting Research* 49（4）: 895-931.

Dehaan, E., F. Hodge, and T. Shevlin. 2013. Does voluntary adoption of a clawback provision improve financial reporting quality? *Contemporary Accounting Research* 30（3）: 1027-1062.

Demeré, B. W., K. L. Sedatole, and A. Woods. 2019. The role of calibration committees in subjective performance evaluation systems. *Management Science* 65（4）: 1562-1585.

DeVaro, J. 2006. Strategic promotion tournaments and worker performance. *Strategic Management Journal* 27（8）: 721-740.

Dierynck, B., and A. Verriest. 2020. Financial reporting quality and peer group selection. *Management Accounting Research* 47: 100675.

Dutta, S., and S. Reichelstein. 2003. Leading indicator variables, performance measurement, and long-term versus short-term contracts. *Journal of Accounting Research* 41（5）: 837-866.

Easton, P. D., S. J. Monahan, and F. P. Vasvari. 2009. Initial evidence on the role of accounting earnings in the bond market. *Journal of Accounting Research* 47（3）: 721-766.

Edmans, A., X. Gabaix, and D. Jenter. 2017. Executive compensation: A survey of theory and evidence. *Handbook of the Economics of Corporate Governance* 1: 383-539.

江頭憲治郎. 2024.『株式会社法 第9版』有斐閣.

Erkens, M. H., Y. Gan, and B. B. Yurtoglu. 2018. Not all clawbacks are the same: Consequences of strong versus weak clawback provisions. *Journal of Accounting and Economics* 66（1）: 291-317.

Fehr, E., and K. M. Schmidt. 2004. Fairness and incentives in a multi-task principal-agent model. *Scandinavian Journal of Economics* 106（3）: 453-474.

Feltham, G. A., and J. Xie. 1994. Performance measure congruity and diversity in multi-task principal/agent relations. *The Accounting Review* 69（3）: 429-453

Fershtman, C., and K. L. Judd. 1987. Equilibrium incentives in oligopoly. *American Economic Review* 77（5）: 927-940.

Fisher, J. G., S. A. Peffer, G. B. Sprinkle, and M. G. Williamson. 2015. Performance target levels and effort: Reciprocity across single- and repeated-interaction settings. *Journal of Management Accounting Research* 27（2）: 145-164.

Fumas, V. S. 1992. Relative performance evaluation of management: The effects on industrial competition and risk sharing. *International Journal of Industrial Organization* 10（3）: 473-489.

Galbraith, J. K.1952. *American Capitalism*, Houghton Mifflin, Boston.

Garen, J. E. 1994. Executive compensation and principal-agent theory. *Journal of Political*

Economy 102（6）：1175-1199.

Garvey, G. T., and T. T. Milbourn. 2006. Asymmetric benchmarking in compensation: Executives are rewarded for good luck but not penalized for bad. *Journal of Financial Economics* 82（1）：197-225.

Ghosh, D., and R. F. Lusch. 2000. Outcome effect, controllability and performance evaluation of managers: some field evidence from multi-outlet businesses. *Accounting, Organizations and Society* 25（4-5）：411-425.

Gibbons, R., and K. J. Murphy. 1990. Relative performance evaluation for chief executive officers. *ILR Review* 43（3）：30-51.

Gibbs. M., K. A. Merchant, W. A. V. d. Stede, and M. E. Vargus. 2004. Determinants and effects of subjectivity in incentives. *The Accounting Review* 79（2）：409-436.

Gong, G., L. Y. Li, and J. Y. Shin. 2011. Relative performance evaluation and related peer groups in executive compensation contracts. *The Accounting Review* 86（3）：1007-1043.

Gopalan, R., T. T. Milbourn, and F. Song. 2010. Strategic flexibility and the optimality of pay for sector performance. *Review of Financial Studies* 23（5）：2060-2098.

Graham, J. R., C. R. Harvey, and S. Rajgopal. 2005. The economic implications of corporate financial reporting. *Journal of Accounting and Economics* 40（1-3）：3-73.

Hamamura, J., S. Hayakawa, and K. Inoue. 2024. *Is fixed salary "fixed" ? Fixed salaries in managerial compensation depend on the firm performance in Japan.* Available at SSRN: id 4702545.

濱村純平・井上謙仁. 2022.「経営者の業績評価：相対的業績評価と比較対象の設定基準」加登豊・吉田栄介・新井康平編著『実務に活かす管理会計のエビデンス』中央経済社：140-148.

Hamamura, J., and K. Inoue. 2023. *The nail that stands is hammered down: Using financial reporting comparability to set peer groups on benchmarking for managerial compensation in Japan.* Available at SSRN: id 4398675.

早川翔・井上謙仁・濱村純平. 2022.『日本企業の経営者報酬を決定における相対的業績評価の利用に関する研究：明示的アプローチによる分析』jxiv.

早川翔・妹尾剛好・安酸建二・新井康平・横田絵理. 2020.「予算文化が利益目標のラチェッティングに与える影響：経営者利益予想による実証研究」『管理会計学』28（1）：19-36.

Hassan, H., and Y. Hoshino. 2007. The performance impacts of stock options in Japan. *Japanese Journal of Administrative Science* 20（1）：27-41.

Hirsch, B., B. E. Reichert, and M. Sohn. 2017. The impact of clawback provisions on information processing and investment behavior. *Management Accounting Research* 37: 1-11.

Hirst, M. 1983. Reliance on accounting performance measures, task uncertainty and dysfunctional behavior-some extensions. *Journal of Accounting Research* 21（2）：596-605.

Hoberg, G., and G. Phillips. 2016. Text-based network industries and endogenous product differentiation. *Journal of Political Economy* 124（5）：1423-1465.

Holmström, B. 1979. Moral hazard and observability. *Bell Journal of Economics* 10（1）：74-

91.

Holmström, B. 1982. Moral hazard in teams. *Bell Journal of Economics* 13（2）: 324-340.

Holmström, B., and P. Milgrom. 1987. Aggregation and linearity in the provision of intertemporal incentives. *Econometrica* 55（2）: 303-328.

Holmström, B., and P. Milgrom. 1991. Multitask principal–agent analyses: Incentive contracts, asset ownership, and job design. *Journal of Law, Economics, and Organization* 7: 24-52.

Hope, J., and R. Fraser. 2003. *Beyond Budgeting: How Managers Can Break Free from The Annual Performance Trap*. Boston, MA: Harvard Business School Press.

星野優太. 1999. 「日本における企業業績と経営者報酬」『會計』156（3）: 363-377.

Ikeda, N., K. Inoue, and S. Watanabe. 2018. Enjoying the quiet life: Corporate decision-making by entrenched managers. *Journal of the Japanese and International Economies* 47: 55-69.

Indjejikian, R. J., and D. Nanda. 2002. Executive target bonuses and what they imply about performance standards. *The Accounting Review* 77（4）: 793-819.

猪野竜司. 2023. 「業績連動給与：業績連動型の譲渡制限付株式を活用した場合の税務上の取り扱い」『税務弘報』71（9）: 10-16.

Inoue, K., S. Hayakawa, and J. Hamamura. 2023. *Stock price index contract in managerial compensation under relative performance evaluation in Japan*. Available at SSRN: id 4609882.

井上謙仁・尾関規正・濱村純平. 2021. 「財務報告の比較可能性と相対的業績評価：Nam（2020）の追試」『会計科学』e2021（2）: 1-5.

Ioannou, I., S. X. Li, and G. Serafeim. 2016. The effect of target difficulty on target completion: The case of reducing carbon emissions. *The Accounting Review* 91（5）: 1467-1492.

石田潤一郎・玉田康成. 2020. 「情報とインセンティブの経済学」有斐閣.

伊藤秀史. 2003. 「契約の経済理論」有斐閣.

伊藤秀史・小林創・宮原泰之. 2019. 「組織の経済学」有斐閣.

伊藤靖史・大杉謙一・田中亘・松井秀征. 2021. 『会社法　第5版』有斐閣.

Ittner, C. D., D. F. Larcker, and T. Randall. 2003. Performance implications of strategic performance measurement in financial services firms. *Accounting, Organizations and Society* 28（7-8）: 715-741.

Iwasaki, T., S. Otomasa, A. Shiiba, and A. Shuto. 2018. The role of accounting conservatism in executive compensation contracts. *Journal of Business, Finance & Accounting* 45（9-10）: 1139-1163.

Janakiraman, S. N., R. A. Lambert, and D. F. Larcker. 1992. An empirical investigation of the relative performance evaluation hypothesis. *Journal of Accounting research* 30（1）: 53-69.

Jayaraman, S., T. Milbourn, F. Peters, and H. Seo. 2021. Product market peers and relative performance evaluation. *The Accounting Review* 96（4）: 341-366.

Jensen, M. C., and W. H. Meckling. 1976. Theory of the firm: Managerial behavior, agency costs and ownership structure. *Journal of Financial Economics* 3（4）: 305-360.

Jensen, M. C., and K. J. Murphy. 1990. Performance pay and top-management incentives. *Journal of Political Economy* 98（2）: 225-264.

Jenter, D., and F. Kanaan. 2015. CEO turnover and relative performance evaluation. *Journal of Finance* 70（5）: 2155-2184.

Joh, S. W. 1999. Strategic managerial incentive compensation in Japan: Relative performance evaluation and product market collusion. *Review of Economics and Statistics* 81（2）: 303-313.

梶原武久. 2004.「日本企業による主観的業績評価の役割と特質」『管理会計学』13（1・2）:83-94.

神田秀樹. 2024.『会社法　第26版』弘文堂.

Kaplan, S. N. 1994. Top executive rewards and firm performance: A comparison of Japan and the United States. *Journal of Political Economy* 102（3）: 510-546.

Kaplan, S. N., and B. A. Minton. 2006. *How has CEO turnover changed? Increasingly performance sensitive boards and increasingly uneasy CEOs.* NBER Working Paper No. 12465.

Karuna, C. 2020. Product market competition and managerial pay. *Journal of Management Accounting Research* 32（1）: 203-222.

片岡亮太. 2023.「目標の期中調整に関する研究の理論と実証：文献レビューに基づく考察」『原価計算研究』47（1・2）: 90-101.

Kato, T. 1997. Chief executive compensation and corporate groups in Japan: New evidence from micro data. *International Journal of Industrial Organization* 15（4）: 455-467.

Kato, T., and K. Kubo. 2006. CEO compensation and firm performance in Japan: Evidence from new panel data on individual CEO pay. *Journal of the Japanese and International Economies* 20（1）: 1-19.

Kato, T., and M. Rockel. 1992. Experiences, credentials, and compensation in the Japanese and U. S. managerial labor markets: Evidence from new micro data. *Journal of the Japanese and International Economies* 6（1）: 30-51.

経済産業政策局　2023.「コーポレート・ガバナンス改革における株式報酬導入の意義と展望 」https://www8.cao.go.jp/kisei-kaikaku/kisei/meeting/wg/2210_01startup/230411/startup 11_06.pdf

Kelly, K. O., R. A. Webb, and T. Vance. 2015. The interactive effects of ex post goal adjustment and goal difficulty on performance. *Journal of Management Accounting Research* 27（1）: 1-25.

Kim, S., and J. Y. Shin. 2017. Executive bonus target ratcheting: Evidence from the new executive compensation disclosure rules. *Contemporary Accounting Research* 34（4）: 1843-1879.

Kline, W., M. Kotabe, R., Hamilton, and S. Ridgley. 2017. Organizational constitution, organizational identification, and executive pay: Executive controls in the USA and Japan. *Asia-Pacific Journal of Business Administration* 9（1）: 54-68.

Knoeber, C. R., and W. N. Thurman. 1994. Testing the theory of tournaments: An empirical analysis of broiler production. *Journal of Labor Economics* 12 (2) : 155-179.

Kober, R., and P. J. Thambar. 2022. Paradoxical tensions of the COVID-19 pandemic: A paradox theory perspective on the role of management control systems in helping organizations survive crises. *Accounting, Auditing & Accountability Journal* 35 (1) : 108-119.

小寺宏昌. 2010.「日米の経営者報酬の現状と問題点」『証券アナリストジャーナル』48 (6) : 15-23.

Kothari, S. P., K. Ramanna, and D. J. Skinner. 2010. Implications for GAAP from an analysis of positive research in accounting. *Journal of Accounting and Economics* 50 (2-3) : 246-286.

Kubo, K. 2005. Executive compensation policy and company performance in Japan. *Corporate Governance: An International Review* 13 (3) : 429-436.

Kubo, K., and T. Saito. 2008. The relationship between financial incentives for company presidents and firm performance in Japan. *Japanese Economic Review* 59 (4) : 401-418.

久保克之・内ヶ﨑茂・橋本謙太郎・岩田航. 2022.「経営者報酬ガバナンス改革の方向性：2021年サーベイ結果をもとに（第1回）経営者報酬の現在地と深化への提言」『企業会計』74 (6) : 826-832.

櫛笥隆亮編著. 2018.『経営者報酬の実務：実効的なガバナンスの構築からグローバルな展開まで』中央経済社.

Lambert. R. A., and D. F. Larcker 1987. An analysis of the use of accounting and market measures of performance in executive compensation contracts. *Journal of Accounting Research* 25: 85-125.

Lazear, E. P., and S. Rosen. 1981. Rank-order tournaments as optimum labor contracts. *Journal of Political Economy* 89 (5) : 841-864.

Leone, A. J., and S. Rock. 2002. Empirical tests of budget ratcheting and its effect on managers' discretionary accrual choices. *Journal of Accounting and Economics* 33 (1) : 43-67.

Lewellen, W. G., and B. Huntsman.1970. Managerial pay and corporate performance. *American Economic Review* 60 (4) : 710-720.

Libby, T., and R. M. Lindsay. 2010. Beyond budgeting or budgeting reconsidered? A survey of North-American budgeting practice. *Management Accounting Research* 21 (1) : 56-75.

Lipe, M. G., and S. E. Salterio. 2000. The balanced scorecard: Judgmental effects of common and unique performance measures. *The Accounting Review* 75 (3) : 283-298.

Liu, Y., H. Gan, and K. Karim. 2018. The effectiveness of clawback adoptions in mitigating over-investments: Does board governance play a role? *Advances in Accounting* 40: 61-75.

Liu, Y., H. Gan, and K. Karim. 2020. Corporate risk-taking after adoption of compensation clawback provisions. *Review of Quantitative Finance and Accounting* 54 (2) : 617-649.

Locke, E. A., and G. P. Latham. 1990. *A Theory of Goal Setting & Task Performance*. Prentice-Hall, Inc.

Locke, E. A., and G. P. Latham. 2002. Building a practically useful theory of goal setting and task motivation: A 35-year odyssey. *American Psychologist* 57 (9) : 705-717.

Lukka, K. 1988. Budgetary biasing in organizations: Theoretical framework and empirical evidence. *Accounting, Organizations and Society* 13（3）: 281-301.

Maske, M. K., M. Sohn, and B. Hirsch. 2021. How managerial accountability mitigates a halo effect in managers' ex-post bonus adjustments. *Management Accounting Research* 51: 100738.

Matějka, M. 2018. Target setting in multi-divisional organizations. *Journal of Management Accounting Research* 30（3）: 13-27.

Matějka, M., and K. Ray. 2017. Balancing difficulty of performance targets: Theory and evidence. *Review of Accounting Studies* 22（4）: 1666-1697.

Matsumura, E. M., and J. Y. Shin. 2013. Relative performance evaluation: A review of managerial accounting research. *Journal of Management Accounting, Japan*（Supplement 2）: 3-12.

Mazumder, M. M. M. 2017. Top-executives compensation: The role of corporate ownership structure in Japan. *Journal of Asian Finance, Economics and Business* 4（3）: 35-43.

Merchant, K. A., and J.-F. Manzoni. 1989. The achievability of budget targets in profit centers: A field study. *The Accounting Review* 64（3）: 539-558.

Merchant, K. A., and W. Van der Stede. 2017. *Management Control System: Performance Measurement, Evaluation and Incentives.* 4th edition. Harlow, United Kingdom: Pearson Education.

Merton, R. C. 1973. Theory of rational option pricing. *Bell Journal of Economics and Management Science* 4（1）: 141-183.

Milgrom, P., and J. Roberts. 1992. *Economics, Organization and Management.* Oakland, CA: Prentice Hall.

Mitsudome, T., J. Weintrop, and L. S. Hwang. 2008. The relation between changes in CEO compensation and firm performance: A Japanese/American comparison. *Journal of the Japanese and International Economies* 22（4）: 605-619.

宮川正康. 2022.「役員の報酬：ESG 指標と報酬ガバナンス」『企業会計』74（12）: 1644-1656.

森・濱田松本法律事務所. 2019.「不正・不祥事発生時における役員報酬の返上」『CRISIS MANAGEMENT NEWSLETTER』12: 1-6.

Morita, S., N. Ogawa, Y. Sato, and J. Brown,（2020）. CEO pay landscape in Japan, the U.S. and Europe: 2020 analysis. URL: https://www.wtwco.com/en-in/insights/2020/12/ ceo-pay-landscape-in-japan-the-us-and-europe-2020-analysis

村中靖・浅井優. 2020.「特集　新型コロナウイルス危機下での役員報酬減額の是非を考える　非常時における役員報酬取り扱いの考え方と検討プロセス」『労政時報』3995: 26-43.

村中靖・浅井優. 2021.『役員報酬・指名戦略　改訂第2版　報酬制度，ESG 評価，スキル・マトリックス，CEO サクセッションプラン，指名・報酬委員会の設計』日本経済新聞出版.

Murphy, K. J. 2000. Performance standards in incentive contracts. *Journal of Accounting and Economics* 30: 245-278.

中村亮介. 2016.「業績連動型報酬制度をいかに機能させるか：実証研究の展開を踏まえて」

『企業会計』68（5）：44-54.

中村亮介. 2020.「業績連動報酬契約における会計情報の利用実態」一橋大学大学院経営管理研究科マネジメント・イノベーション研究センターワーキング・ペーパー　236.

中村亮介. 2022.「報酬契約における利益の役割：効率的契約アプローチと経営者権力アプローチ」『會計』202（2）：58-69.

中尾武雄・中嶌剛. 2011.「経営者が企業価値に与える影響と経営者報酬の関係」『経済学論叢』63（1）：1-27

Nakazato, M., J. M. Ramseyer, and E. B. Rasmusen. 2011. Executive compensation in Japan: Estimating levels and determinants from tax records. *Journal of Economics & Management Strategy* 20（3）：843-885.

Nam, J. 2020. Financial reporting comparability and accounting-based relative performance evaluation in the design of CEO cash compensation contracts. *The Accounting Review* 95（3）：343-370.

小川直人. 2018.「報酬水準の妥当性担保」第3章　櫛笥隆亮編著『経営者報酬の実務―実効的なガバナンスの構築からグローバルな展開まで』中央経済社：164-214.

大橋良生. 2019.「会計上の保守主義と経営者報酬契約」『会津大学短期大学部研究紀要』76：67-81.

太田康広編著. 2021.『人事評価の会計学：キャリア・コンサーンと相対的業績評価』中央経済社.

Onsi, M. 1973. Factor analysis of behavioral variables affecting budgetary slack. *The Accounting Review* 48（3）：535-548.

Otley, D. 1987. *Accounting Control and Organizational Behaviour*. London, United Kingdom: William Heinemann LTD.

音川和久. 1999.『会計方針と株式市場』千倉書房.

大塚章男. 2016.「役員報酬とコーポレート・ガバナンス：clawback 条項を手掛かりとして」『筑波ロー・ジャーナル』21：19-35.

乙政正太. 1996.「わが国における経営者の相対業績評価」『阪南論集社会科学編』31（4）：157-165.

乙政正太. 2004.『利益調整メカニズムと会計情報』阪南大学叢書.

乙政正太. 2010.「経営者報酬と利益の構成要素の実証的関係」『証券アナリストジャーナル』48（6）：24-33.

乙政正太. 2021.「役員報酬の減額開示に関する実態調査：2010年から2019年のケース」『関西大学商学論集』66（3）：1-16.

乙政正太・椎葉淳. 2009.「業績連動報酬と会計情報の役割」『會計』176（3）：440-453.

乙政正太・Wenjun Kuang・椎葉淳. 2022.「ESG 指標に基づく経営者報酬に関する基礎的調査：有価証券報告書における開示情報に基づいて」『関西大学商学論集』67（3）：37-61.

Otomasa, S., A. Shiiba, and A. Shuto. 2020. Management earnings forecasts as a performance target in executive compensation contracts. *Journal of Accounting, Auditing & Finance* 35（1）：139-167.

小沢潤子・飯田悠. 2024.「役員報酬の返還を促す『クローバック条項』の活用状況と課題：金融業界でも普及し始めた，企業側が最後に放つ"奥の手"」『金融財政事情』75（8）：32-

35.

Pan, L., and X. Zhou. 2018. CEO compensation in Japan: Why so different from the United States? *Journal of Financial and Quantitative Analysis* 53（5）: 2261-2292.

Park, W., and C. Byun. 2021. Effect of SME's managerial ability and executive compensation on firm value. *Sustainability* 13（21）: 1-16.

Pyzoha, J. S. 2015. Why do restatements decrease in a clawback environment? An investigation into financial reporting executives' decision-making during the restatement process. *The Accounting Review* 90（6）: 2515-2536.

Raith, M. 2003 Competition, risk, and managerial incentives. *American Economic Review* 93（4）: 1425-1436.

Rikhardsson, P., C. Rohde, L. Christensen, and C. E. Batt. 2021. Management controls and crisis: Evidence from the banking sector. *Accounting, Auditing & Accountability Journal* 34（4）: 757-785.

境睦. 2019.『日本の戦略的経営者報酬制度』中央経済社.

Sakawa, H., K. Moriyama, and N. Watanabel. 2012. Relation between top executive compensation structure and corporate governance: Evidence from Japanese public disclosed data. *Corporate Governance: An International Review* 20（6）: 593-608.

Sakawa, H., and N. Watanabel. 2008. Relationship between managerial compensation and business performance in Japan: New evidence using micro data. *Asian Economic Journal* 22（4）: 431-455.

坂和秀晃・渡辺直樹. 2009.「経営者報酬と取締役会の経営監視機能についての検証」『金融経済研究』29: 66-83.

坂和秀晃・渡辺直樹. 2010.「経営者報酬と企業パフォーマンスに関するサーベイ」『証券アナリストジャーナル』48（6）: 5-14.

櫻田譲. 2003a.「中小会社における役員報酬支給の水準の決定要因について：税務資料による実証分析」『山口經濟學雜誌』51（3）: 393-417.

櫻田譲. 2003b.「バブル崩壊後のわが国中法人における役員報酬決定要因」『山口經濟學雜誌』51（5）: 665-691.

澤邉紀生・吉永茂. 2020.『会計事務所の経営支援：経営会計専門家の仕事』中央経済社.

関谷幸三. 1964.「中小企業における経営者報酬」『経済科学』11（3）: 157-177.

Shinozaki, S., H. Moriyasu, and K. Uchida. 2016. Shareholder composition and managerial compensation. *Journal of Financial and Quantitative Analysis* 51（5）: 1719-1738.

首藤昭信. 2002.「経営者報酬制度における相対業績評価に関する実証分析」『専修大学会計学研究所報』6: 1-28.

Shuto, A. 2007. Executive compensation and earnings management: Empirical evidence from Japan. *Journal of International Accounting, Auditing and Taxation* 16（1）: 1-26.

首藤昭信. 2021「経営者報酬に関する開示規制の経済的帰結」『會計』200（5）: 490-504.

胥鵬. 1993.「日本企業における役員賞与と経営者インセンティブ」『日本経済研究』24: 73-96.

新美一正. 2010.「経営者報酬決定プロセスと連結会計情報—役員賞与決定メカニズムの実証分析—」『Business & Economic Review』20（6）: 127-152.

Sloan, R. G. 1993 Accounting earnings and top executive compensation. *Journal of Accounting and Economics* 16（1-3）: 55-100.

須田一幸．花枝秀樹．2008.「日本企業の財務報告：サーベイ調査による分析」『証券アナリストジャーナル』46（5）: 51-69.

Sutton, J. 1991 *Sunk Costs and Market Structure: Price competition, Advertising, and the Evolution of Concentration.* MIT Press.

髙田知実．2021.『保守主義会計：実態と経済的機能の実証分析』中央経済社．

髙橋陽一．2020.「Law の論点　クローバック条項をめぐる法律関係と課題」『ビジネス法務』20（1）: 44-49.

田中亘．2023.『会社法　第4版』東京大学出版会．

Tittle, C. 1980. *Sanctions and Social Deviance: The Questions of Deterrence.* New York, NY: Praeger.

円谷昭一．2009.「会社業績予想における経営者バイアスの影響」『証券アナリストジャーナル』47（5）: 77-88.

van der Kolk, B., H. J. Ter Bogt, and P. M. G. Van Veen-Dirks. 2015. Constraining and facilitating management control in times of austerity: Case studies in four municipal departments. *Accounting, Auditing & Accountability Journal* 28（6）: 934-965.

Velte, P. 2020. Determinants and consequences of clawback provisions in management compensation contracts: A structured literature review on empirical evidence. *Business Research* 13（3）: 1417-1450.

Vickers, J. 1985. Delegation and the theory of the firm. *The Economic Journal* 95: 138-147.

Vives, X. 2008. Innovation and competitive pressure. *Journal of Industrial Economics* 56（3）: 419-469.

Waldenberger, F. 2013. "Company heroes" versus "superstars": Executive pay in Japan in comparative perspective. *Contemporary Japan* 25（2）: 189-213.

渡辺幸男・小川正博・黒瀬直宏・向山雅夫．2013.『21世紀中小企業論―多様性と可能性を探る―第3版』有斐閣アルマ．

Webb, R. A., M. G. Williamson, and Y. May Zhang. 2013. Productivity-target difficulty, target-based pay, and outside-the-box thinking. *The Accounting Review* 88（4）: 1433-1457.

Xu, P. 1997. Executive salaries as tournament prizes and executive bonuses as managerial incentives in Japan. *Journal of the Japanese and International Economies* 11（3）: 319-346.

山本諒・佐々木隆文．2010.「コーポレートガバナンスと経営者報酬」『証券アナリストジャーナル』48（6）: 34-43.

矢内一利．2016.「利益ベンチマーク未達が役員賞与に与える影響の検証」『早稲田商學』446: 279-320.

安酸建二．2016.「経営者利益予想に見られるラチェット効果と予想誤差への影響：管理会計からのアプローチ」『管理会計学』24（1）: 3-25.

吉田政之・井上謙仁・早川翔・大洲裕司．2023.「テキストベースのネットワーク産業と内生的製品差別化：Hoberg and Phillips（2016）の追試」『会計科学』e2023（1）: 1-6.

吉田政之・打田昌輝・佐々木郁子・三矢裕. 2024.「危機時におけるマネジメント・コントロール：新型コロナウイルス感染症禍におけるオムロン株式会社へのインタビュー調査をもとに」『管理会計学』32（1）：53-65.

吉田智也. 2010.「『役員賞与に関する会計基準』における勘定科目の総合的検討」『商学論集』78（3）：19-32.

Yoshikawa, T., A. A. Rasheed, and E. B. Del Brio. 2010. The impact of firm strategy and foreign ownership on executive bonus compensation in Japanese firms. *Journal of Business Research* 63（11）：1254-1260.

■2022年度日本管理会計学会スタディグループ助成による成果一覧

「はじめに」で述べたように，本書は2022年度日本管理会計学会スタディグループ助成の成果の一部である。ここに，日本管理会計学会に感謝の意を示すとともに，下記に当該助成による成果を記載しておく。

査読付き論文

・Hamamura, J., and V. Ramani. 2024. The welfare effect of release timing of relative performance evaluation under quantity competition and asymmetric costs. *Scottish Journal of Political Economy*, 71 (3) : 416-438.
・Hamamura, J., and S. Hayakawa. 2024. The optimal choice of relative performance indicator and product market competition. *Economics and Business Letters*, 13 (3) : 112-121.
・Hamamura, J., and V. Ramani. 2024. Asymmetric performance evaluation under quantity and price competition with managerial delegation. *B.E. Journal of Economics Analysis and Policy* 24 (3) : 701-750.
・Hamamura, J. 2024. Does a leading indicator related to a customer improve a firm's profit? *The Japanese Accounting Review*, forthcoming.
・Hamamura, J. 2024. Weight placed on the rival's profit under the relative performance evaluation with Cournot-Bertrand competition and sequential decision of the weight. *Accounting Letters* 1 (1) : 27-33.
・吉田政之・井上謙仁・早川翔・大洲裕司．2023.「テキストベースのネットワーク産業と内生的製品差別化：Hoberg and Phillips（2016）の追試」『会計科学』e2023 (1) : 1 -6.
・Hamamura, J, and V. Ramani. 2023. Social performance vs. relative performance evaluation, asymmetric costs, and quantity competition under managerial delegation." *Managerial and Decision Economics* 44 (3) : 1706-1719.

査読なし論文

・打田昌輝・片岡亮太・永田大貴・早川翔・三矢裕．2023.「相対的業績情報に関する実験室実験研究のレビュー」『国民経済雑誌』227 (5) : 29-54.

プレ・プリント

・Hamamura, J., S. Hayakawa, and K. Inoue. 2024. *Is fixed salary "fixed" ? Fixed salaries in managerial compensation depend on the firm performance in Japan.* Available at SSRN: id 4702545.
・Inoue, K., S. Hayakawa, and J. Hamamura. 2023. *Stock price index contract in*

managerial compensation under relative performance evaluation in Japan. Available at SSRN: id 4609882.

・Hamamura, J., and K. Inoue. 2023. *The nail that stands is hammered down: Using financial reporting comparability to set peer groups on benchmarking for managerial compensation in Japan.* Available at SSRN: id 4398675.

・早川翔・井上謙仁・濵村純平. 2022.「日本企業の経営者報酬決定における相対的業績評価の利用に関する研究：明示的アプローチによる分析」Jxiv. DOI: https://doi.org/10.51094/jxiv.135

なお，これらの成果のうち，プレ・プリントである早川ほか（2022）は第4章で，Hamamura and Inoue（2023）は第8章で紹介されている。さらに，第7章では会計科学に掲載された吉田ほか（2023）の成果が応用されている。加えて，将来的には本書の分析をベースとして執筆される論文もあるだろう。[1]

1　本スタディグループのそのほかの成果は，濵村純平のウェブページにおける以下のページを参照のこと。
　　https://sites.google.com/site/bincunchunpingnohomupeji/2022%E5%B9%B4%E5%BA%A6jama%E3%82%B9%E3%82%BF%E3%83%87%E3%82%A3%E3%82%B0%E3%83%AB%E3%83%BC%E3%83%97?authuser＝0

索　引

A～Z

ESG 指標 ································ 12, 72, 91

あ 行

暗黙的アプローチ ············ 80, 88, 163
委任ゲーム ······························· 51
インセンティブ報酬 ···················· 2
エージェンシー関係 ················· 131
エージェンシー問題 ··················· 10
エージェンシー理論 ··················· 37
エージェント ··························· 38

か 行

会計指標 ····························· 4, 201
外国人持ち株比率 ····················· 10
会社法 ······························· 1, 23
外部機会 ································· 6
寡占競争 ···························· 14, 51
株価指標 ···························· 4, 203
株式報酬 ························· 2, 8, 26
株主価値仮説 ······················ 5, 181
監査等委員 ····························· 30
監査等委員会設置会社 ················· 26
監査役会設置会社 ····················· 26
寛大化 ································ 122
寛大化バイアス ························ 49
感応度分析 ····························· 4
機関投資家 ····························· 10
企業選任役員 ·························· 10
客観的業績評価 ····················· 3, 46
業種分類 ····························· 166
業績評価 ······························· 3
業績連動報酬 ··························· 2
競争の激しさ ······················ 52, 201
共通指標バイアス ····················· 50

業務執行取締役

業務執行取締役 ························ 30
銀行選任役員 ······················ 9, 183
近視眼的な行動 ······················ 203
クローバック条項 ··················· 8, 105
経営者業績予想 ························ 11
経営者保証 ·························· 139
契約理論 ······················· 14, 37, 38
決定権限 ····························· 29
決定プロセス ······················ 17, 23
現金報酬 ······························· 8
権限移譲 ····························· 31
幸運 ································ 177
幸運に対する報酬 ····················· 19
公正性 ······························· 67
互恵性 ······························· 63
固定報酬 ······························· 2
コミットメント ························ 65

さ 行

再一任 ····························· 25, 33
財務報告の比較可能性 ············ 153, 165
裁量的発生高 ·························· 11
算定方法 ····························· 25
参入コスト ·························· 204
事業承継 ··························· 142
市場規模 ··························· 204
指名委員会等設置会社 ················· 24
諮問・答申 ··························· 32
社会規範 ··························· 150
社外取締役 ····························· 10
主観的業績評価 ····················· 3, 46
主観的に測定された業績指標 ············ 48
情報の非対称性 ························ 5
新株予約権 ···························· 25
心理的なバイアス ····················· 49
スコアカード ··························· 5

製品代替性·············52, 204
絶対的業績評価·············3
相対的業績評価·············3, 14, 42, 53, 79
相対的目標設定·············66
損金算入·············12

た 行

脱予算·············69
妥当性·············32, 161
中心化バイアス·············49
定款·············24
テキストベース業種分類·············165
トーナメント·············15, 44
トリガー事由·············110

な 行

任意の報酬委員会·············28, 31

は 行

ハーフィンダール・ハーシュマン指数
·············15, 204
バックワード・ルッキング·············202
ピア・グループ·············7, 80, 151, 153, 164
非財務指標·············50, 91
非財務目標·············72
フォーミュラ·············5
フォワード・ルッキング·············203
フリンジ・ベネフィット·············8, 26
プリンシパル·············38
プリンシパル・エージェント関係·············6
ベンチマーク·············7
変動報酬·············2
報酬委員会·············11, 23
報酬格差·············9
報酬の格差·············6
報酬の非対称性·············181
ボーナス·············2
保守主義·············11, 200

ま 行

マルス条項·············117

マルチ・タスク問題·············41
明示的アプローチ·············80, 89
目標設定·············18
目標設定理論·············62
目標値·············57
目標の期中調整·············67
文字情報·············19
もしも貯金·············140
モニタリング·············39, 182
モニタリング効果·············9
モラル・ハザード·············39

や 行

予算スラック·············62

ら 行

ラチェッティング·············64
ラチェット効果·············65
利益反応係数·············119
レント収奪仮説·············5, 180
労働市場·············6

■編著者紹介

濱村 純平（HAMAMURA Jumpei）：関西学院大学商学部　准教授
【序章，第2章，第4章，第8章担当】
　2017年3月に神戸大学大学院経営学研究科にて博士（経営学）取得。2017年4月より桃山学院大学経営学部講師，2020年10月より同大学准教授を経て，2024年4月より現職。
【主な業績】
『寡占競争企業の管理会計：戦略的振替価格と多元的業績評価のモデル分析』（単著，2021年，中央経済社），The effect of common ownership among supply chain parties on decision-making and surplus with manufacturer encroachment. *International Review of Economics and Finance* 96（B）: 103596，2024年，ほか多数。

井上 謙仁（INOUE Kento）：近畿大学経営学部　准教授
【第1章，第4章，第5章，第8章，第9章，第11章担当】
2018年3月に大阪市立大学大学院経営学研究科にて博士（経営学）取得。2018年4月より大阪市立大学大学院経営学研究科特任講師，2019年4月より近畿大学経営学部特任講師，2021年4月より同大学講師を経て，2023年4月より現職。
【主な業績】
The effect of voluntary IFRS adoption on MD&A information. *Journal of International Accounting Research* forthcoming, 2024年（共著），「企業の戦略的行動が持続的な競争優位に与える影響の検証」『管理会計学』31（1）: 37-53，2023年（共著），ほか多数。

早川 翔（HAYAKAWA Sho）：流通科学大学商学部　准教授
【第3章，第4章，第9章担当】
2019年3月に神戸大学大学院経営学研究科にて博士（経営学）取得。2019年4月より流通科学大学商学部講師，2022年4月より現職。
【主な業績】
「予算文化が利益目標のラチェッティングに与える影響：経営者利益予想による実証研究」『管理会計学』28（1）: 19-36，2020年（共著），「予算期間と予算修正の方法が財務業績に与える影響：探索的研究」『原価計算研究』42（2）: 67-78，2018年（共著），ほか多数。

■執筆者紹介（五十音順）

伊瀬 堂人（ISE Takato）：摂南大学経営学部経営学科　講師
【第11章担当】
2020年，大阪大学大学院経済学研究科博士後期課程単位取得満期退学

岩田 聖徳（IWATA Kiyonori）：東京経済大学経営学部　講師
【第1章担当】
2022年，一橋大学にて博士（商学）取得

打田 昌輝（UCHITA Masaki）：神戸大学大学院経営学研究科博士課程後期課程　在学
【第3章担当】
2023年，神戸大学にて修士（経営学）取得

片岡 亮太（KATAOKA Ryota）：松山大学経営学部経営学科　講師
【第3章担当】
2022年，神戸大学にて修士（経営学）取得

加藤 大智（KATO Daichi）：松山大学経営学部経営学科　講師
【第11章担当】
2023年，神戸大学にて博士（経営学）取得

北田 智久（KITADA Tomohisa）：近畿大学経営学部会計学科　准教授
【第2章担当】
2018年，神戸大学にて博士（経営学）取得

日下 勇歩（KUSAKA Yuho）：北九州市立大学大学院マネジメント研究科　講師
【第10章担当】
2022年，一橋大学にて博士（商学）取得

定兼 仁（SADAKANE Hitoshi）：神戸大学大学院経営学研究科　准教授
【第2章担当】
2017年，神戸大学にて博士（経営学）取得

澤田 雄介（SAWADA Yusuke）：同志社大学商学部　助教
【第6章担当】
2021年，同志社大学にて博士（商学）取得

千手 崇史（SENZU Takashi）：近畿大学経営学部会計学科　准教授
【第1章担当】
2012年，九州大学大学院法学府博士後期課程単位取得満期退学

永田 大貴（NAGATA Daiki）：神戸大学大学院経営学研究科博士課程後期課程　在学
【第6章担当】
2022年，神戸大学にて修士（経営学）取得

夏吉 裕貴（NATSUYOSHI Hiroki）：千葉大学大学院社会科学研究院　講師
【第5章担当】
2023年，横浜市立大学にて博士（経営学）取得

藤谷 涼佑（FUJITANI Ryosuke）：一橋大学大学院経営管理研究科国際企業戦略専攻 講師
【第10章担当】
2020年，一橋大学にて博士（商学）取得

牧野 功樹（MAKINO Koki）：拓殖大学商学部 准教授
【第7章担当】
2022年，大阪府立大学にて博士（経済学）取得

屋嘉比 潔（YAKABI Kiyoshi）：大阪公立大学経営学研究科博士課程後期課程　在学
【第11章担当】
2023年，大阪市立大学にて修士（経営学）取得

吉田 政之（YOSHIDA Masayuki）：近畿大学経営学部会計学科　講師
【第9章担当】
2020年，神戸大学にて博士（経営学）取得

牧誠財団研究叢書22

経営者報酬の理論と実証

2024年12月1日　第1版第1刷発行

	濵	村	純	平
編著者	井	上	謙	仁
	早	川		翔
発行者	山	本		継

発行所　㈱中央経済社

発売元　㈱中央経済グループ
　　　　パブリッシング

〒101-0051　東京都千代田区神田神保町1-35
電話　03 (3293) 3371 (編集代表)
　　　03 (3293) 3381 (営業代表)
https://www.chuokeizai.co.jp
印刷／文唱堂印刷㈱
製本／誠　製　本　㈱

©2024
Printed in Japan

＊頁の「欠落」や「順序違い」などがありましたらお取り替えいた
　しますので発売元までご送付ください。(送料小社負担)
ISBN978-4-502-51731-0　C3034

JCOPY〈出版者著作権管理機構委託出版物〉本書を無断で複写複製 (コピー) することは,
著作権法上の例外を除き,禁じられています。本書をコピーされる場合は事前に出版者著
作権管理機構 (JCOPY) の許諾を受けてください。
　JCOPY〈https://www.jcopy.or.jp　eメール：info@jcopy.or.jp〉